Jean CA

MUHAMMAD ENVOYÉ DIVIN ?

Questionnements sur la genèse de l'Islam

Éditions des Écrivains

Sur simple demande adressée aux
Éditions des Écrivains, 147-149 rue Saint-Honoré, 75001 Paris,
vous recevrez gratuitement notre catalogue
qui vous informera de nos dernières publications.

–

Texte intégral

ISBN 2-84434-618-9

Le savoir est armoire, ses clefs sont
dans le questionnement.
Questionnez, Dieu vous bénisse !

Hadith attribué à Muhammad.

AVANT-PROPOS

L'auteur de ce livre est né en Tunisie. Il y a vécu en les années qui précédaient l'Indépendance, puis il est venu en France y passer son baccalauréat et y effectuer des études de mathématiques. Pendant de longues années, ses rapports avec le Maghreb se sont limités à des souvenirs teintés de nostalgie. Les circonstances ont voulu qu'il noue des relations amicales avec des immigrés. Insensiblement, il s'est retourné vers son pays natal et la longue histoire tissée entre les peuples qui habitent des deux côtés de la Méditerranée. Pour mieux comprendre les hommes et les événements, il s'est décidé, un jour, à mieux connaître l'Islam et sa genèse. Il livre ici ses réflexions sur quelques aspects – naïfs, pourrait-on dire – de la vie de Muhammad, qui lui paraissent contredire le caractère divin de la révélation coranique.

Conscient de l'extrême délicatesse du problème qu'il aborde ici, l'auteur s'est imposé deux contraintes de méthode.

La première contrainte est de proposer les réflexions historiques et théologiques selon l'ordre chronologique dans lequel elles se sont présentées à lui, au fil des années, de ses lectures et de ses dialogues avec des musulmans. Une intuition cohérente s'est ensuite présentée à son esprit, mais plus qu'une

« explication », ce livre se veut une suite d'observations, tantôt historiques, tantôt psychologiques, tantôt métaphysiques, qui permettent au lecteur d'élaborer sa propre opinion.

La seconde contrainte est de ne choisir les citations qui argumentent ce livre que dans des ouvrages écrits par des théologiens musulmans, à l'exclusion de livres de seconde main écrits par des penseurs de tradition chrétienne, qui, pourtant, sont parfois plus explicites. Il n'en va pas de même pour ce qui concerne les circonstances historiques, géographiques ou culturelles qui ont entouré la naissance de l'Islam et la vie du prophète.

Signalons aussi une contrainte de forme : les citations bibliques et coraniques sont les seules à être écrites en caractère gras.

L'auteur tient enfin à avertir le lecteur sur deux points importants de ses recherches, et de la question qui en est l'aboutissement.

Le premier de ces points est que les intuitions énoncées n'ont pas pour lui un caractère de certitude, mais seulement de possibilité.

Le second point est qu'il faut se montrer très prudent dans les conclusions que l'on peut tirer pour aujourd'hui de la thèse énoncée, et en particulier n'en tirer aucun argument de rejet ou d'exclusion. Tout au contraire, pourrait-on dire, et l'auteur s'en expliquera.

Ce qui suit est une recherche historique et depuis, l'eau de l'histoire a coulé, modifiant en profondeur le paysage humain, le différenciant à l'extrême. Qu'il y ait, là, une clé pour comprendre certains événements actuels, certes ! L'auteur ne cache pas qu'il a été mis en route par la parole de l'écrivain algérien Rachid Mimouni : « *Nous voulons savoir pourquoi nous mourons* ». Mais il faut se garder d'accrocher son coeur à ses idées. Une vérité intellectuelle, toujours partielle, est au service de la charité et non le contraire. Et c'est par l'amour et la charité, d'abord, que la paix advient dans une humanité qui désormais navigue sur le même bateau.

L'auteur n'est pas, et ne souhaite pas être, un « spécialiste » de l'Islam. Aussi s'excuse-t-il auprès des lecteurs musulmans des erreurs historiques qu'il a pu commettre, comme des erreurs d'orthographe sur les mots arabes. Elles sont involontaires et viennent de ce qu'il a encore beaucoup à apprendre sur l'Islam.

Je remercie ceux qui m'ont aidé dans cette entreprise difficile. Je remercie en particulier celle qui a dactylographié mon texte, celle qui l'a relu et corrigé et le prêtre qui m'a aidé de son érudition et de son sens pastoral. Je remercie aussi tous ceux, chrétiens et musulmans, qui m'ont aidé de leurs remarques dans l'élaboration du texte définitif.

Si cet ouvrage peut apporter sa contribution au dessein du Créateur sur l'humanité, je Le prie de faire en sorte que ce soit avec le moins de violence possible.

Chapitre I

UN ÉCLAIRAGE BIBLIQUE

L'Islam a présenté un paradoxe pour la pensée chrétienne pendant des siècles. Même s'il est atténué par la civilité de la vie moderne et le respect des différences dans lequel l'homme a incontestablement grandi, ce paradoxe existe encore aujourd'hui. Voici comment on pourrait très grossièrement le présenter.

Il y a d'un côté le fondateur de l'Islam, Muhammad, qui, pour ce qui concerne l'ensemble de sa vie, n'a pas fait preuve de la tolérance et de la sainteté que l'on s'attend à trouver chez le fondateur d'une nouvelle religion. A première vue, ce n'est pas un modèle d'humanité. Il y a une parole, le Coran, dont certains aspects sont inacceptables pour un chrétien, et même pour le simple honnête homme qui veut respecter la liberté de conscience de son prochain. Il y a une culture et une histoire dont les fruits sont équivoques. Les pays soumis à l'Islam n'ont pas accédé à une réelle autonomie économique et l'homme « produit » par l'Islam ne plaide pas, en général, en faveur d'une vérité achevée de sa religion. Il y a enfin, hier et aujourd'hui, variables selon les pays ou les époques mais souvent sous jacents, l'intolérance religieuse, la violence et le fanatisme.

A qui se donne la peine de dépasser cette zone d'ombre, apparaît une réalité plus lumineuse, ou, en tout cas, une réalité qui interroge.

Il y a d'un autre côté, un fondateur, Muhammad, plus courageux, plus humain, plus tolérant, qu'on se l'imagine quand on s'approche de son histoire. L'épopée de Muhammad est extra-ordinaire.

Il y a une parole, le Coran, dont certains aspects – les plus nombreux pourrait-on dire – sont proches du message biblique.

Il y a une culture marquée par un humanisme certain. Pour ne parler que de notre siècle, la référence islamique semble avoir fait barrage aux idéologies qui ont tant meurtri le monde occidental, comme celle de l'idolâtrie de l'homme produite par le marxisme et celle de l'idolâtrie de la race produite par le nazisme.

Il y a enfin une impressionnante fidélité dans le temps et dans l'espace d'une communauté forte de près d'un milliard d'êtres humains aujourd'hui. De l'Afghanistan à l'Anatolie, de l'Irak au Maroc, que de villages, que de cités qui, à l'ombre des minarets, ont su ménager un certain art de vivre… en paix.

Pour celui qui se plonge dans des rapports personnels avec des musulmans, soit en France, soit dans leur pays d'origine, pour celui qui arrive à s'abandonner à la confiance en l'homme, ce paradoxe s'approfondit encore. On découvre une richesse en profondeur, richesse sur le plan des valeurs. Nous voyons l'hospitalité, le sens du partage, la confiance et la gratitude envers la Providence. Nous voyons moins peut-être la sollicitude envers les vieillards, le respect de la pudeur, l'aversion de la démesure, le goût des petits métiers faits avec art, l'attachement à la différence entre les sexes – peut-être aussi important que l'égalité pour éviter de se déshumaniser… Nous voyons ce qui infirme l'Islam, nous voyons moins ce qui le confirme.

Ces deux faces d'une réalité paradoxale m'ont fait devoir de rechercher la part de vérité, tant humaine que divine, qui fait mémoire par l'Islam, en essayant de me souvenir que la vérité, si elle est établie en Dieu, ne l'est pas dans les hommes, même en ceux qui ont fait l'expérience intime du salut par la Croix du Christ. L'homme est en marche, demain ne nous appartient pas.

Je me suis donc mis en quête d'éclaircissement. Ce devait être dans les années 1990. Au terme de mon voyage, je ne suis pas arrivé à un pays de certitudes, mais j'ai vu des choses...

LES RACINES COMMUNES

Devant tant de contrastes, cherchant à y voir clair, cherchant une clé aussi imparfaite soit-elle, je me souviens que l'un de mes premiers réflexes a été de relire le chapitre de la Genèse relatant l'aventure de notre père spirituel commun, Abraham.

C'est une belle histoire que celle d'Abraham. Chacun y trouve nourriture à son gré, selon les tendances profondes de son âme.

On y trouve le départ vers l'inconnu, le sel des grands espaces à découvrir au jour le jour, la précarité, la nécessité d'avancer pour vivre, de ne pas s'installer. Abraham est un nomade, le premier des immigrés en quelque sorte. On y relève la place de l'étranger, le besoin d'être protégé par lui et celui de le protéger à son tour. On y remarque l'indulgence du Créateur envers les passions amoureuses, la promesse d'une patrie pour chaque peuple, et tant d'autres choses encore. L'histoire d'Abraham respire la vie à pleins poumons, celle à laquelle nous sommes tous appelés, dès cette terre.

Pour moi, qui suis sensible au mystère de l'amour entre l'homme et la femme, j'aime par-dessus tout l'extraordinaire réaction de Sara, l'épouse d'Abraham, quand elle apprit des messagers de Yahvé le rétablissement de sa fécondité. Elle rit, bien sûr, mais surtout elle eut cette parole pleine de santé spirituelle, rapportée dans le verset 12 du chapitre XVIII du Livre de la Genèse : « **Toute usée comme je suis, pourrais-je encore jouir? Et mon maître est si vieux!** ».

Ainsi le premier réflexe de Sara ne fut pas de s'étonner de pouvoir enfanter, elle qui était « hors d'âge », mais de pouvoir de nouveau connaître l'émotion de l'amour, avec son « vieux ». Cette femme sans malice ne dissociait pas la joie d'être aimée et la joie d'être mère. A notre époque où la Science permet le plaisir sans enfants et l'enfant sans plaisir, la parole de Sara nous rappelle une certaine sagesse faite de confiance en la nature et en la Providence.

Mais il n'est pas dans le but de ce livre de s'attarder sur l'histoire d'Abraham, ni même de la recenser méthodiquement; nous laissons ce soin au lecteur. Je voulais seulement relever trois aspects de ce récit biblique qui ont indirectement rapport avec l'Islam.

On sait qu'Ismaël est le fils que Dieu donna à son serviteur Abraham par Agar, la servante égyptienne de Sara. Abraham était attristé de ne pas avoir de descendance et Dieu consentit à lui donner un fils. Ce « consentement » passa par la propre femme d'Abraham : c'est en effet Sara qui, par compassion envers son mari, lui donna pour femme Agar.

On s'accorde à voir en cette naissance d'Ismaël une sorte de préfiguration de l'Islam. Le prophète Muhammad aura le premier mérite, d'ailleurs, de revivifier la mémoire d'Abraham auprès des habitants de la péninsule arabique, après vingt-quatre siècles d'un oubli presque généralisé.

Bien des paroles attribuées au Seigneur avant et après la naissance d'Ismaël, ont une vérité qui, aujourd'hui encore, n'est pas démentie.

La première de ces paroles, que le Seigneur répétera à plusieurs reprises, sous une forme de plus en plus précise, est la bénédiction que Dieu accorde à la descendance d'Abraham. La plus explicite est peut-être celle-ci :

Pour moi, voici mon alliance avec toi : tu deviendras le père d'une multitude de nations. On ne t'appellera plus du nom d'Abram, mais ton nom sera Abraham car je te donnerai de devenir le père d'une multitude de nations et je te rendrai fécond à l'extrême : je ferai que tu donnes naissance à des nations et des rois sortiront de toi. J'établirai mon alliance entre moi, toi, et après toi les générations qui descendront de toi; cette alliance perpétuelle fera de moi ton Dieu et Celui de ta descendance après toi.

GENESE (XVII, 4 à 7)

Un peu plus tard, à un père aimant et inquiet pour l'avenir du fils qu'il doit chasser hors de sa maison, le Seigneur dira :

Pour Ismaël, je t'exauce. Vois, je le bénis, je le rends fécond, prolifique à l'extrême; il engendrera douze princes et je ferai de lui une grande nation.

Cependant, le Seigneur ajoutera :

Mais j'établirai mon alliance avec Isaac que Sara te donnera l'année prochaine à cette date.

GENESE (XVII, 20-21)

Enfin, le témoignage de confiance absolue qu'Abraham offrit à son Seigneur, celui de lui sacrifier son fils aimé, Isaac, émut tant le coeur de Dieu que Celui-ci réitéra la promesse de fidélité à sa descendance. Il le fit dans des termes aussi poétiques que ceux dont Il avait usé jadis, au tout début de son alliance avec Abraham :

Je le jure par moi-même, oracle du Seigneur. Parce que tu as fait cela et n'as pas épargné ton fils unique, je m'engage à te bénir, et à faire proliférer ta descendance autant que les étoiles du ciel et le sable au bord de la mer. Ta descendance occupera la Porte de ses ennemis; c'est en elle que se

béniront toutes les nations de la terre parce que tu as écouté ma voix.

GENESE (XXII, 16 à 18)

Lorsque je lus ces lignes dans la Bible, au début de ma recherche, je ne mis pas en doute l'historicité de la filiation abrahamique de l'Islam par la voie d'Ismaël. C'est plus tard que l'affaire m'apparut plus équivoque. Mais, soit-elle historique ou d'emprunt, cela empêche-t-il que cette filiation soit réelle dans ses effets ? Nous éclairerons ultérieurement ce paradoxe.

Cette bénédiction du Seigneur à Abraham et à sa descendance, bénédiction dont bénéficient les juifs, les chrétiens et les musulmans, demeure pour les siècles. Il est dans la nature de Dieu de ne pas reprendre ce qu'Il a donné. Qui s'immerge dans le peuple musulman finit par percevoir, ô de façon abstraite certes, cette invisible sollicitude divine. Dieu aime les musulmans.

Dans l'analyse que je tente ici pour éclairer le paradoxe musulman, il me semble que les bienfaits de cette bénédiction peuvent être confondus, par les musulmans ou par ceux qui les approchent, avec les « bienfaits » de la révélation coranique. De la même manière que l'on ne distingue pas la distance entre deux montagnes lointaines d'où coulent des sources et des fleuves qui irriguent une cité, on ne distingue pas toujours de quel flanc de montagne émerge la vraie source, celle qui n'a pas été détournée.

Le second éclairage que m'a apporté la lecture de la Bible pour ce qui concerne l'Islam est beaucoup plus cru, plus étonnant de la part de Celui qui inspire le Livre Saint. Mais n'est-il pas dans la nature de Dieu de demeurer incompris ?

Ce n'est pas dans le genre de la Bible, ni dans l'Esprit qui inspire ce Livre, d'exalter ce que les hommes ont déjà naturellement trop tendance à exalter : les différences entre les races. Le culte de la race, voire de la patrie, a été et reste encore une des grandes idoles qui, dans notre coeur épris d'absolu, peuvent prendre la place de l'amour que nous devons à notre Créateur et nous rendre cruels envers le prochain. C'est peut-être pourquoi la parole qui va suivre est un peu oubliée par les exégètes, ou, en tout cas, n'est pas regardée comme très significative. Et pourtant, quand le Seigneur, le Dieu de la Révélation, prend soin de nous avertir de la singularité des descendants d'Ismaël, on peut penser qu'Il ne parle pas pour rien. Voici cette parole.

La première fois qu'Abraham consentit, à la demande de Sara, à chasser Agar, celle-ci s'enfuit dans le désert. Le Seigneur Yahvé eut pitié de son dénuement et lui envoya un ange qui l'invita à retourner près de sa maîtresse. Cet ange lui dit :

Voici que tu es enceinte et tu vas enfanter un fils, tu lui donneras le nom d'Ismaël car le Seigneur a perçu ta détresse. Véritable âne sauvage, cet homme ! Sa main contre tous, la main de tous contre lui, à la face de tous ses frères, il demeure.

GENESE (XVI, 11-12)

Le caractère ombrageux des descendants d'Ismaël est confirmé un peu plus loin dans la Bible par l'histoire des Ismaëlites, où il est dit :

Les Ismaëlites demeurèrent de Hawila à Shour, aux confins de l'Egypte, jusqu'à Ashour, chacun face à tous ses frères prêt à leur tomber dessus.

GENESE (XXV, 18)

Quel langage paradoxal ! Peut-on nier que la suite des siècles l'a parfois confirmé ? Le caractère ombrageux de certains peuples qui, par l'Islam, se revendiquent comme la descendance spirituelle d'Ismaël, n'est pas un mince problème pour le monde d'aujourd'hui. La promptitude à régler ses problèmes par la violence verbale ou physique a toujours été un obstacle à la paix, en nous ou autour de nous.

Pourtant, que les tendances négatives que l'on peut constater chez certains individus comme chez certains peuples, ne soient jamais motif à une quelconque condamnation définitive. Le sens de notre histoire, tant personnelle que collective, est de passer insensiblement de l'ombre à la lumière. Il n'en est point d'autres. « **Je ne suis pas venu pour les bien-portants** » nous rappelle le Christ. Comme dans toute famille, la famille humaine comporte – peut-être – elle aussi un enfant plus difficile, plus prompt à s'emporter. Cet enfant n'en est pas moins aimé d'un Père qui n'a pas de préféré et sait juger au-delà des apparences. Dieu nous a créés différents et nous aime différents.

Toutefois, il m'est arrivé de penser que ce caractère belliqueux des descendants d'Ismaël n'a peut-être pas échappé au Mauvais. On dit que le Diable est le « Singe de Dieu ». Prince des Ténèbres, Prince du Mensonge, tels sont quelques-uns des noms dont on le qualifie. Satan est aussi le Prince des Imitateurs. La jalousie le pousse à imiter Celui dont il a quitté la troupe céleste, et de l'amitié de qui il est désormais privé.

Dieu s'est choisi un peuple, Israël, qu'Il a mis à part, qu'Il a longtemps entouré de sa sollicitude avant de prendre chair de notre condition terrestre, en ce peuple même. Le Malin lui-même n'a-t-il pas voulu aller jusque là : tenter de se choisir un peuple pour contrecarrer le projet divin du Salut ? Or que se passe-t-il dans une famille ? C'est souvent l'enfant le plus coléreux, le plus singulier, le plus démuni aussi par certains aspects, qui est investi par les forces occultes, quand celles-ci ont le mystérieux pouvoir d'agir.

La troisième observation qui m'est venue en méditant le chapitre de la Genèse concernant Abraham, est plus subjective que les deux autres. Elle n'est pas inscrite, en effet, dans le texte, mais prolonge en quelque sorte l'écriture biblique. Elle aussi a trait aux difficiles problèmes d'aujourd'hui et au trouble des esprits qui prévaut en France face à une culture aussi étrangère, et aussi inquiétante par certains aspects, que celle dont se réclame l'Islam.

C'est à regret qu'Abraham chassa Agar, pour satisfaire au désir de Sara. Abraham consentit à ce départ d'Agar et Ismaël. Il reçut alors, en effet, l'assurance de son Dieu que telle était la bonne décision à prendre et que ni l'enfant ni la mère ne seraient oubliés. Dieu tint parole. Après qu'Agar eut épuisé les provisions dont Abraham l'avait pourvue, la Providence intervint. Agar et Ismaël furent menés sains et saufs jusqu'au désert de Paran, où Ismaël, devenu tireur d'arc, épousa une femme de la race de sa mère Agar. Il faut voir peut-être dans cet épisode la préfiguration de la grande confiance en la Providence dont, aujourd'hui encore, les musulmans font preuve.

Mais, depuis Abraham, de l'eau a coulé sous le pont de l'histoire des hommes. C'est le moins qu'on puisse dire. Un événement extraordinaire est advenu : notre Créateur est venu habiter parmi nous. Il a été jusqu'à se donner en nourriture aux hommes, avant de mourir pour eux.

A nous, disciples du Christ, qui nous disons les héritiers d'Abraham et qui le sommes en fait, Dieu consentirait-il aujourd'hui à nous voir renvoyer Agar et son fils? Sara, elle-même, ne pourrait-elle supporter le rire du fils de l'Egyptienne, et ordonnerait-elle à son époux de chasser la femme dont il a eu besoin? Cela voudrait dire que rien ne s'est passé depuis et que, finalement, nous n'avons pas grandi.

Qu'est-ce que cela signifie concrètement pour la France du troisième millénaire?

Cela signifie que si nous cédions à la tentation de nous débarrasser des contradictions posées par l'Islam en France en nous débarrassant des musulmans, nous ignorerions les immenses ressources dont nous ont pourvus 2000 ans de christianisme. Nous ignorerions l'abondance matérielle et le lent façonnement des mentalités. Nous ignorerions les ressources de l'esprit de laïcité qui, lorsqu'il est bien compris, plaît à Dieu, je crois, et dont la tradition musulmane a tant besoin pour s'équilibrer. Nous oublierions aussi que le fleuve n'est pas tari, qui coule silencieusement et nous apporte, de la façon la plus obscure et la plus insignifiante, la nourriture qui vient du Ciel. Une nourriture dont sont encore privés nos frères musulmans.

Encore et toujours, aujourd'hui comme hier, Dieu, me semble-t-il, a besoin de notre médiation pour se faire reconnaître par un peuple qu'Il aime et qui L'aime. Les difficultés de la cohabitation sont réelles et apparaîtront de plus en plus. On ne gomme pas si aisément des différences séculaires. Mais ne refusons pas de poursuivre une histoire commune. Quels que soient les drames, les incompréhensions, les douleurs dont cette histoire est pétrie depuis cent-soixante-dix ans, l'histoire entre la France et le Maghreb est une belle histoire. C'est une histoire d'amour.

Cette histoire participe au dessein du Coeur-Sacré de Jésus de se faire connaître à une tribu plus vaste que celle du Maghreb, à la tribu musulmane dans son universalité, en tout cas, à certains de ses enfants. Ceux dont le coeur est avide de liberté, d'espérance, d'une parole qui les rassure au tréfonds d'eux-mêmes.

Oui, Agar et Ismaël ont besoin d'être accueillis, consolés. Agar a besoin que Sara la prenne dans ses bras et la réintroduise en la demeure d'Abraham, afin qu'un jour, toutes les deux chantent – ensemble – l'infinie tendresse et l'infinie patience de notre Père du Ciel, qui ne peut se résoudre à la désunion de ses enfants.

EN CHEMIN VERS LA TERRE PROMISE

Il n'entre pas dans le cadre de cet ouvrage de dire comment un homme, l'auteur de ce livre, a pu rencontrer le Christ. « *La véritable cime est en nous. Elle appartient à qui la cherche et ne pourra lui être enlevée* » a dit un poète de l'Alpe, Georges Sonnier, en écho lointain aux paroles du Maître : « **Et votre joie, nul ne pourra vous la ravir** ». Douce certitude qui jaillit au coeur même de notre nuit, celle d'être aimé au-delà du raisonnable. Dieu est parce que l'amour est. Dieu sauve parce que l'amour sauve.

On aspire alors à mieux connaître Celui qui nous a visités, son histoire parmi les hommes. La connaissance succède à la naissance. Dans la redécouverte de l'Alliance contractée entre Dieu et l'humanité, une parole a clarifié mes idées sur l'Histoire, parole toute simple que l'Eglise propose, chaque année, aux chrétiens pour la fête de la Toussaint. Cette parole est extraite du rêve qui, au tout début de l'aventure chrétienne, fut accordé à l'apôtre Jean sur l'île de Patmos, rêve qu'on appelle l'Apocalypse. Cette parole doit être rappelée en ce premier chapitre parce qu'avec la précédente, extraite de la Genèse, elle constitue un repère simple.

Jean nous annonce que le peuple de ceux qui mettent leur confiance dans le Christ n'est pas un peuple indifférencié. Comme les rescapés Hébreux de l'Exode après leur arrivée en Terre Promise, ce peuple se partage en douze tribus distinctes.

La distinction dans l'unité qui court tout au long du récit de la Création du monde et tout au long de l'histoire du Salut, se retrouve ainsi à la fin des temps. Cette différenciation finale des tribus d'Israël, rapportée dans l'Apocalypse, fait écho à l'évocation de la Pentecôte, rapportée dans les Actes des Apôtres, où des gens de toutes cultures rendent grâce à Dieu, chacun en sa langue maternelle, pour l'Esprit reçu.

Le rêve de Jean nous fait ressentir le goût du Créateur pour la différence, une différence en laquelle se réfléchit le Mystère Trinitaire. Qui n'a pas fait l'expérience, dans sa vie, de voir ses soucis s'éloigner et son horizon s'élargir, au contact d'un peuple différent ?

Une première leçon que nous pouvons tirer du rêve de Jean est celle dite « de l'inculturation ».

Le Christ n'est pas venu abolir coutumes et traditions, ni tout uniformiser, mais pour vivifier de l'intérieur ce qui, dans ces coutumes et traditions, plaît à Dieu et mérite de demeurer.

Laissons-nous éclairer par ce que dit de l'Esprit-Saint cet extrait du décret « *Ad Gentes* » promulgué par le Concile Vatican II :

Son activité a ce résultat que tout le germe de bien qui se trouve dans le coeur et dans l'esprit des hommes, ou dans les rites ou les cultures propres des peuples, non seulement ne périsse pas, mais soit purifié, élevé et achevé pour la gloire de Dieu, la confusion du Démon et le bonheur de l'homme.

Quand le Christ dit : « **Je suis le chemin, la vérité et la vie** », le premier mot employé exprime bien qu'Il est commencement. Qui l'accueille, dans son esprit et son corps, n'est pas seulement arrivé, mais prend aussi un nouveau départ, fut-ce à quelques secondes de sa mort biologique. Au plus profond de nos coutumes et de notre histoire personnelle, son Esprit cheminera avec nous pour nous faire reconnaître les choix à faire pour ne pas rompre brutalement avec notre entourage.

Cette inculturation est à l'oeuvre dans le monde où, quoi qu'il apparaisse, la Parole se propage et des coeurs se laissent toucher.

La perspective, toutefois, n'est pas la même pour deux mouvances humaines, dissemblables en nombre, mais semblables peut-être par le poids qu'elles ont dans l'histoire religieuse de l'humanité. L'Eglise du Christ a plus de mal à naître dans les peuples qui se réfèrent au Judaïsme et à l'Islam. La richesse même de la Tradition et de la Parole qui soutient ces peuples leur permet d'adopter, voire d'inventer, les valeurs humanistes de la modernité sans sortir formellement du cadre de leur religion. Il est possible aussi qu'en son dessein d'offrir le salut à tous, le Créateur assigne à ces deux religions monothéistes un rôle mystérieux dans l'unification de l'humanité, ou, tout au moins, tire un bien de leur fidélité. Les plans du Seigneur dépassent tellement nos pauvres intelligences!

Mais il est un autre obstacle à ce que le don de Dieu soit connu en plénitude dans le coeur des juifs et des musulmans et à ce que l'Eglise naisse au coeur même de leur culture. Pour que la démarche soit complète et cohérente, elle demande ou elle implique indirectement une sorte de « retour en arrière » historique. Et chacun sait que notre orgueil naturel nous incline à préférer améliorer ce qui est, plutôt qu'à nous interroger sur le fil de l'Histoire. Chez le juif ou le musulman qui s'approche du mystère chrétien, il y a, alors, comme une distance à prendre par rapport à un « esprit » qui s'est collectivement enraciné dans une sorte d'opposition dialectique à l'Eglise, associée à une culture étrangère. Cet « esprit » fait croire à l'homme en recherche qu'il risque d'aliéner ce qu'il a de plus cher : son identité et ses racines. Cet esprit suscite chez l'homme la crainte de trahir ceux qui l'ont porté jusqu'aux rivages du présent. Dans le cas de l'Islam, celui qui choisit de devenir chrétien peut perdre aussi le pain quotidien, le toit ou la vie.

Ce travail sur soi, cependant, est à l'oeuvre dans le peuple juif, chez qui le recouvrement tant attendu d'une identité territoriale précède peut-être le recouvrement de l'identité spirituelle. Car, en devenant chrétien, le juif ne fait qu'accueillir le fruit de la Promesse faite à ses pères hébreux et il ne perd en rien sa judéité. Il « *est greffé sur son propre olivier, auquel il appartient par nature* », selon les paroles mêmes de l'apôtre Paul dans le verset 24 du chapitre XI de l'Epître aux Romains.

Donnons seulement un signe de ce retour sur le passé, en relevant un fait, médiatique, certes, et mineur en apparence, mais lourd de signification symbolique. Quand bien même cet épisode juridique n'a pas abouti, son existence même témoigne d'une mystérieuse continuité dans l'Histoire et de ce que certaines vérités sont têtues.

Le 25 avril 1933, à 14 heures, à Jérusalem, en présence de toute une foule, un tribunal juif délibéra sur l'opportunité de réviser le procès qui pèse peut-être le plus lourd dans l'Histoire : celui de Jésus, qui avait eu lieu 19 siècles plus tôt ! Par quatre voix contre une, les juges se prononcèrent pour la révision et déclarèrent l'innocence du condamné.

Mais quelle pouvait être l'autorité de ce tribunal alors que l'Etat d'Israël n'existait pas encore ? Lorsqu'il fut fondé en 1948, des requêtes de révision du procès de Jésus ne tardèrent pas à arriver de divers pays, sur la table du Docteur Smoira, premier président de la Cour d'Appel du nouvel Etat. Après examen, le juriste n'admit pas ces requêtes, en raison de l'absence de documents permettant d'entreprendre cette révision. Il faisait remarquer, en particulier, que les récits des Evangiles étaient trop différents entre eux pour étayer des conclusions solides.

A un niveau plus général de l'accomplissement de l'Histoire, je crois à l'intuition de l'apôtre Paul prédisant que ce sont eux, les premiers choisis, les descendants d'Isaac par la chair, qui, par l'adhésion de nombre de leurs enfants à l'Eglise née des Apôtres, clôtureront l'histoire des nations.

On peut alors s'interroger : avant les juifs, une tribu de ce nouvel Israël qu'est le peuple des baptisés, prendra-t-elle corps de « l'Umma », le peuple des musulmans ?

Cette inculturation n'a pas toujours été comprise dans le passé par les missionnaires chrétiens. Encore qu'il soit imprudent de juger le passé avec les critères du présent. En voici un symbole parmi d'autres : la cathédrale d'Hanoï a été bâtie sur un emplacement où s'élevait une pagode bouddhiste, qui a été rasée pour l'occasion. Aujourd'hui, pourtant, cette cathédrale ne désemplit pas, tandis que certains descendants de ceux qui l'ont construite désertent, en France, les églises pour les temples bouddhistes.

Ce paradoxe que nous vivons aujourd'hui en Occident m'amène à préciser, de manière toute personnelle, le sens que je donne au rêve de Jean. L'Histoire se déroule peut-être mieux qu'il ne paraît, compte tenu, bien sûr, que le Maître de cette Histoire respecte plus que tout la liberté qu'Il a accordée à sa créature.

Le monde n'a pas nécessairement vocation à devenir uniquement chrétien, ni chaque pays qui l'était, à le rester. Le chrétien qui rêve d'une France redevenant celle des enthousiasmes collectifs de jadis, ressemble au musulman qui rêve à un retour de « l'âge d'or » de Médine. Ces aspirations naïves peuvent être dangereuses. Dans la mesure où il y eut des périodes harmonieuses dans l'Histoire, périodes pendant lesquelles l'unité de pensée était accordée à une nation, ne cherchons pas tant à les revivre et croyons plutôt que ces « accalmies » préfigurent le Royaume, où nous les retrouverons.

Plus simplement, je crois que l'Eglise de Jésus-Christ a vocation à naître partout. Confiante plutôt que triomphante, elle a vocation à être phare dans la tempête pour ceux qui cherchent et se donnent les moyens de résister à une déshumanisation inévitable. Elle a vocation à servir, comme l'Eglise du Maghreb nous en donne un admirable exemple. L'Eglise a vocation à devenir une Arche de Noé élargie aux dimensions du monde. Et ce que les chrétiens peuvent espérer des pouvoirs du monde est, d'abord, qu'elle soit acceptée, qu'elle ne soit pas perçue comme contraire à la religion dominante, que lui soit accordée la protection qu'elle mérite et que soit respecté le droit à la liberté religieuse de tout homme, droit inscrit dans la « *Déclaration Universelle des Droits de l'Homme* ».

A l'heure où j'écris ces lignes, un an s'est écoulé depuis l'enlèvement des moines de l'Atlas, en Algérie. Dans ce drame, un fait aussi m'est apparu. Le gouvernement algérien a offert sa protection armée aux moines. Ceux-ci l'ont refusée, suivant en cela l'exemple de Jésus refusant l'épée de Pierre. Ce refus est un don. Les moines ont offert leur vie à un pays qu'ils aimaient, sans distinction aucune entre bons et mauvais Algériens. Mais le geste du pouvoir en place est aussi prophétique, à sa manière. Par le célibat et la prière, le moine offre sa vie au pays qui l'accueille. En obéissant aux ordres de ses supérieurs, le soldat offre sa vie. Dans le cas présent, ce n'était pas pour une religion, mais pour l'exercice de la liberté religieuse.

Certes, cette liberté religieuse n'a pas encore pénétré les coeurs et les consciences. Certes, nous n'en sommes pas encore à ce que le juif ou le musulman qui devient chrétien soit considéré par ses proches comme réalisant la Promesse inscrite dans ses propres croyances, celle de l'avènement ou du retour du Christ. Mais, au Moyen-Orient, au Maghreb, comme partout ailleurs, le monde de demain se met en place.

CHAPITRE II

AUTOUR DE LA RÉVÉLATION CORANIQUE

Beaucoup de livres ont été écrits sur la vie de Muhammad, et sur les diverses influences qui s'exerçaient sur l'Arabie à cette époque. Je n'ai pas la prétention d'en écrire un de plus. Pour une plus grande précision historique, je renvoie le lecteur à la liste des excellents ouvrages qui m'ont informé, liste que je publie à la fin de cette étude. Ces récits sont très convergents. Ils m'ont inspiré suffisamment confiance pour que je réalise la synthèse qui suit à partir d'emprunts faits parfois mot pour mot. J'ai voulu planter le décor sans innover.

Ainsi la première partie de ce chapitre est consacrée à décrire le contexte géographique, humain, et surtout religieux, qui prévalait à l'époque et au pays de Muhammad. La seconde partie de ce chapitre rappelle les principaux épisodes de la vie de Muhammad depuis sa naissance jusqu'à la visite du mystérieux « messager céleste » qui devait bouleverser sa vie et celle de bien d'autres avec.

La dernière partie de ce chapitre est plus personnelle. Elle prend acte d'un fait particulier de la religion des Mekkois pour revenir au thème central de ce livre, qui est de s'interroger sur l'origine divine de la révélation coranique.

LE PAYS DE MUHAMMAD

Le pays où naît le prophète de l'Islam, l'Arabie, est un territoire immense, de plus de trois millions de kilomètres carrés, dont la plus grande partie est constituée d'étendues de sable, de pierre et de lave. Sa capitale, La Mecque est située dans une vallée stérile, au noeud des routes allant de l'Arabie méridionale à la Syrie et à la Mésopotamie. Les principales ressources de La Mecque étaient alors le commerce et le pèlerinage à la Kaâba, un cube de pierre entouré d'idoles, dans un angle duquel était enchâssée la Pierre Noire. Le passage des grandes caravanes saisonnières constituait les événements marquants de la vie des Mekkois.

Les Arabes ne rejetaient pas absolument l'idée d'un Dieu créateur suprême, que d'ailleurs ils appelaient déjà Allah, mais ils s'en occupaient peu. Leur culte allait à de nombreuses divinités qui pouvaient être ses fils ou ses filles, aux djinns qui inspiraient devins et poètes, tourmentaient voyageurs et malades, aux pierres dressées qui concrétisaient le « sacré » diffus, pierres que l'on arrosait de sang et d'huile. Le théologien musulman Mohammad Abd-Allah-Drâz nous rapporte cette formule que les pèlerins païens employaient dans leur invocation : *« Je me consacre à toi, ô Dieu. Tu n'as aucun associé, excepté un associé dont Tu es absolument le maître, ainsi que de tout ce qui est à Lui ».*

Mis à part le mot « maître », ces paroles peuvent faire penser à la relation d'amour entre Jésus et son Père et la phrase de Jésus : « **Tout ce qui est à moi est à toi comme tout ce qui est à toi est à moi** », rapportée par l'apôtre Jean en XVII – 10.

Les citoyens de La Mecque sont alors très tolérants en matière de foi. En bons commerçants, ils offrent aux voyageurs jusqu'à la possibilité de prier. Ils ont réuni les idoles et les icônes, comme dans un musée, afin que chaque étranger y trouve sa propre idole et afin que La Mecque soit reconnue ville sainte par tous les hommes. Ainsi, d'innombrables religions ont un sanctuaire – fût-il des plus modestes – à la Kaâba, jusqu'aux chrétiens qui y trouvent un coin pour leurs dévotions, puisqu'il existe une icône de la Vierge Marie portant Jésus dans ses bras.

En dehors des motifs commerciaux, il s'agit aussi de peur. Les hommes du désert ont peur de Dieu, de tous les esprits, de toutes les forces surnaturelles. Et parce qu'ils veulent se les garder bienveillants ou neutres, ils les respectent tous, pour n'en mécontenter aucun.

L'existence du nomade est à ce point dure et solitaire, et subordonnée au destin, qu'il cherche sans cesse une protection dans le désert bleu et infini qui s'étend au-dessus de sa tête, afin de pouvoir faire face au désert qui s'étend à ses pieds. Pour apitoyer le destin et se le rendre favorable, l'homme cherche une protection ou un interlocuteur chez tous les esprits et chez toutes les idoles.

En dehors des polythéistes, il y avait en Arabie des juifs et des chrétiens. Des colonies juives prospères et influentes se trouvaient à Yatrib – que nous appellerons désormais Médine – à Khaïbâr et dans les oasis du nord.

Le Yemen du sud de l'Arabie est chrétien, sous l'influence abyssine monophysite. Le monophysisme est une doctrine née au Ve siècle, affirmant une seule nature dans le Christ, à la fois divine et humaine. Cette doctrine a été condamnée par le concile de Chalcédoine en 451.

Dans le nord et le nord-est, de grandes tribus nomades que les caravanes de La Mecque rencontraient quand elles allaient à Boçra ou à Hira, étaient chrétiennes, souvent nestoriennes. Les nestoriens professent qu'en le Christ, deux personnes coexistent, l'une divine, l'autre humaine. Cette croyance fut condamnée par le concile d'Ephèse en 431.

A La Mecque même, il y avait d'assez nombreux chrétiens,

mais souvent étrangers : abyssins esclaves ou miliciens mercenaires, artisans esclaves ou affranchis, commerçants syriens, médecins…

Il y avait aussi, mais en très petit nombre, des personnages assez mystérieux, les « *hanifs* », dans lesquels le Coran et la Sunna – la tradition musulmane – voient les tenants du pur monothéisme abrahamique antérieur au mosaïsme et au christianisme. Des récits les présentent comme des esprits anxieux, des voyageurs à la recherche de la vérité. Certains de ces « *hanifs* » ne se différenciaient guère des chrétiens, ou se convertissaient volontiers au christianisme, comme Waraqa, cousin de la femme de Muhammad, Khadîdja.

Les influences qui ont pu s'exercer sur la pensée consciente de Muhammad sont donc assez complexes. Il y a plus de courants enchevêtrés que n'en peuvent analyser les historiens.

A La Mecque, la Kaâba, cube de pierre alors à ciel ouvert, avec la Pierre Noire vénérée dans un angle, s'élevait au milieu d'une vaste place, où se trouvait une autre pierre sainte, le « *maqâm* » d'Abraham, et le puits de Zem-Zem.

Toutes ces dénominations appellent quelques explications.

Pour la tradition arabe ante-islamique, tradition rapportée, cependant, par des récits post-coraniques, Adam, le premier homme, vint à La Mecque avec une pierre apportée du Paradis d'où il avait été chassé après qu'il eut mangé le fruit défendu. Il y construisit le sanctuaire du nom de Kaâba. En même temps que la Kaâba, Adam apporte la pierre connue sous le nom de « *maqâm-ibrahim* », pierre que l'on peut voir encore aujourd'hui. Cette même tradition arabe se poursuit par la « reconnaissance » d'Eve par Adam à La Mecque, leur fécondité, le meurtre d'Abel par Caïn près de Damas, le déluge, bref par une histoire très ressemblante à celle racontée par la Bible. Cette tradition enchaîne ensuite avec l'histoire d'Abraham et d'Agar. Quand Sara chassa Agar et Ismaël, c'est l'Ange Gabriel qui, sur l'ordre du Seigneur, descendit du ciel pour sauver l'enfant de la mort. Il creusa un trou en terre, d'où l'eau jaillit. Le nom de Zem-Zem donné à cette source évoque le gazouillis de l'onde. La source se trouve près du sanctuaire et, aujourd'hui encore, les pèlerins qui vont à La Mecque boivent l'eau de la source Zem-Zem, créée par l'Ange Gabriel pour désaltérer Ismaël et Agar.

Pourquoi ce nom de « *Pierre Noire* » ?

En voici l'explication, selon la légende arabe, une légende toutefois rapportée par des récits post-coraniques !

Lorsque Abraham reconstruisit le sanctuaire de La Mecque, la pierre était blanche. A chaque pèlerinage, les hommes baisaient la pierre qui noircissait. A cause des péchés humains, la pierre devint noire. Le jour du jugement dernier, la Kaâba sera de nouveau blanche comme elle l'était lorsqu'Adam l'a apportée du Paradis. Le « *maqâm* » d'Abraham, lui, doit son nom à ce que le prophète Abraham est monté dessus lorsqu'il reconstruisit le sanctuaire. On peut voir d'ailleurs encore aujourd'hui ce qui serait l'empreinte du pied d'Abraham.

De cette très brève rétrospective, nous retiendrons une chose. La religion instaurée par Muhammad avait déjà de profondes racines dans les croyances, coutumes et légendes qui prévalaient dans l'inconscient collectif des habitants de la péninsule arabique. Il est difficile de distinguer, parmi ces croyances, celles qui existaient avant Muhammad et qui témoignaient peut-être simplement de l'inculturation d'une histoire biblique, de celles qui ont été reprises par le Coran et la Sunna pour une appropriation du Pacte Biblique. Le terrain était favorable à toutes les confusions. L'Islam de Muhammad est, en réalité, plus en sympathie avec son milieu qu'en rupture avec lui, comme on le dira ensuite.

LA VIE DE MUHAMMAD AVANT SA MISSION

Le prophète de l'Islam, Muhammad, est né vers l'an 570 à La Mecque, en Arabie, dans un clan très influent d'une tribu importante de la ville, celle des Qoraïchites. Muhammad est né orphelin de père car celui-ci, Abdallah, était mort sept mois avant sa naissance. Soucieux de la santé de son petit-fils à qui il voulait éviter l'air insalubre de La Mecque, son grand-père Abdel-Mottalib mit l'enfant en nourrice chez une bédouine de la tribu des Banou Sad, Halima. Muhammad passa ainsi sa petite enfance dans les régions montagneuses des déserts d'Arabie, gardant les troupeaux avec son frère de lait, Mesrouth.

Une légende relate alors un petit événement surnaturel qui advint quand Muhammad, alors âgé de six ans, jouait devant la tente avec les autres enfants du clan « *Sa'd ben Bakr* ». Son camarade de jeux vit alors deux hommes habillés de blanc renverser le jeune Muhammad, lui fendre la poitrine, extirper du coeur un caillot noir, laver ce coeur avec de la neige avant de le remettre en place. Cette intervention est mentionnée dans les versets 1 à 3 de la sourate 94, justement appelée : « L'Ouverture ».

N'avons-nous pas ouvert pour toi ta poitrine ? Et mis à bas ton fardeau qui écrasait ton dos ?

Selon une certaine interprétation musulmane, Muhammad aurait été ainsi déchargé du péché originel pour mieux accomplir sa mission prophétique.

Devant cet incident et d'autres du même genre, Halima et son mari, qui étaient des gens simples, prennent peur. Ils reconduisent l'enfant auprès de sa mère Amina. Celle-ci est intriguée par ce retour prématuré. Elle interroge Halima qui lui avoue, avec réticence, que cet incident lui paraît suspect et venir du Démon.

La peur. Elle sera là aussi dans le coeur des habitants de la ville de Tâïf, à l'est de La Mecque, quand ils assisteront à une impressionnante pluie de météorites. Cela se passera au moment même où Muhammad est chargé de sa mission.

Le Créateur nous parlerait-il aussi par les signes du ciel? Qui a le coeur assez humble et l'esprit assez disponible pour les observer?

Que le lecteur me permette, à ce propos, une petite parenthèse qui n'est quand même pas sans rapport avec l'Islam.

Dans l'avion qui m'emmenait en Algérie au mois de juillet 1993, j'achetais le journal « *Le Monde* » pour passer le temps. Sous la plume de Jean-Claude Guillebaud, et dans un article intitulé « *Sur la route des Croisades* », en page 2, j'appris un curieux fait historique. La date du 15 août 1096, choisie par le pape Urbain II comme date de départ de la première croisade, fut marquée dans la Chrétienté par « *des signes du ciel extravagants* ». Des siècles durant, les chroniqueurs les plus pointilleux ont rapporté des pluies d'étoiles, des colonnes de feu, des nuages de sang, ainsi que le départ massif d'innombrables poissons, papillons et oiseaux.

Quand on sait combien les croisades ont fait couler de sang innocent, au nom d'un autre Innocent, quand on apprend les massacres qui accompagnèrent la prise de Jérusalem, quand on perçoit combien les croisades ont marqué l'imaginaire musulman et retardé le rapprochement des hommes de bonne volonté, on comprend que Dieu ait eu besoin de manifester son désaccord. Mais qui a le coeur assez humble et l'esprit assez disponible pour observer la nature?

La mère de Muhammad, Amina, mourut peu de temps après avoir repris son fils. L'enfant fut recueilli par son grand-père qu'il perdit à l'âge de huit ans, et fut alors élevé par son oncle Abou-Tâlib, un notable de La Mecque. Celui-ci réserva à son neveu un amour sincèrement paternel. Aussi voyons-nous Muhammad, alors âgé de douze ans, accompagner son oncle commerçant, dans ses voyages en Syrie. C'est à l'un de ces voyages que se rattache l'anecdote du moine nestorien d'origine nabatéenne, Bahîra, qui prophétisa le grand rôle que devait jouer Muhammad et conseilla à Abou-Tâlib de protéger l'enfant des Juifs. Il semble que ce moine ermite ait encouragé les caravaniers qoraïchites à attendre la venue d'un prophète à eux, arabe qui parlerait la langue arabe. Cette parole prophétique s'opposait alors à la parole des Juifs qui se posaient comme intermédiaires incontournables entre Dieu et les hommes. Cela consola la fierté des Bédouins, dont certains, les « *hanifs* », étaient, comme nous l'avons dit, des hommes sincèrement en recherche de vérité.

On connaît peu de détails sur la vie de Muhammad entre cette période et celle de son mariage, sinon qu'il passa sa jeunesse dans un état voisin de la pauvreté.

Ce fut, semble-t-il, un adolescent aux moeurs policées, d'une grande pudeur, éloigné des plaisirs faciles. La confiance qu'il acquit dans les coeurs de ses compagnons lui valut le surnom d'Al-Amîn, qui signifie : homme fidèle et sûr. A l'âge de vingt ans, il participe aux côtés de notables de La Mecque, à une association caritative et justicière, la ligue du « *Fudûl* ».

Chargé d'une mission commerciale par une veuve riche et vertueuse, Khadîdja, il s'en acquitte avec tant d'intelligence et de probité que cette femme quadragénaire passe outre les différences d'âge et de fortune et lui signifie un mariage possible. La belle prestance de Muhammad devait y être aussi pour quelque chose ! Ce mariage à l'âge de vingt-cinq ans, en même temps qu'il est pour Muhammad une occasion de prospérité, révèle chez lui d'autres qualités. Durant un quart de siècle, Khadîdja restera sa femme unique et chérie, dont seule la mort pourra le séparer. De cette union naquirent deux garçons, morts tous deux en bas âge, et quatre filles.

Muhammad se montra un excellent père, tout autant qu'il resta simple et frugal, malgré sa richesse.

L'acte le plus marquant, entre la date de son mariage et celle de sa vocation prophétique, s'accomplit quand il eut trente-cinq ans, à l'occasion de la réparation de la Kaâba endommagée par un incendie. Malgré la diversité de leurs cultes, toutes les tribus arabes entouraient de la plus profonde vénération ce monument et tenaient à participer aux travaux de sa reconstruction. Il y eut un différend pour le transfert de la fameuse Pierre Noire dans le nouveau sanctuaire construit à côté de l'ancien, car nul ne voulait céder le droit de s'en charger. Muhammad résolut le problème avec beaucoup de présence d'esprit et d'équité.

Arrivé à cet âge, Muhammad est physiquement, moralement et intellectuellement un homme mûr. Il est équilibré, tempérant, d'une grande douceur et délicatesse, au point de ne jamais brusquer l'entretien avec qui que ce soit. Il écarte délibérément, pour les siens comme pour lui-même, tout ce qui est de l'ordre du luxe ou du superflu. Toutefois, au fond de lui-même, il est insatisfait. Il est choqué par la morale mercantile qui règne alors dans sa ville natale : l'injustice envers les pauvres surtout le scandalise. Il se remémore les discours religieux qu'il a entendus aux cours de ses voyages, en particulier ceux des juifs et des chrétiens. Face aux innombrables idoles de la Kaâba, face à la multitude de dieux qu'adorent les Mekkois, l'idée qu'il puisse y avoir un seul et vrai Dieu capable de communiquer sa volonté aux humains trouble profondément Muhammad. Il approche maintenant de la quarantaine. Il éprouve une certaine inclination pour la solitude. Comme le faisait déjà son grand-père, Abdel-Mottalib, il a pris l'habitude de se retirer dans une grotte du Mont Hirâ, au nord de La Mecque, pour méditer et prier. Il est à la veille de l'événement décisif qui va imprimer à sa conduite une nouvelle orientation et donner au monde une nouvelle religion.

UN ANGE IRRITÉ

Nous terminerons ce chapitre en revenant au contexte religieux de La Mecque pour en relever un détail et le mettre en relation avec un aspect du déroulement de la révélation coranique. Ce nous sera l'occasion d'aborder un motif sensible de divergence entre la révélation chrétienne et la révélation coranique, celui de la nature intime de Dieu. Ce sera aussi l'occasion de relever la première d'une longue liste d'attitudes suspectes chez l'ange qui inspira Muhammad, attitudes qui ne permettent pas d'exclure une préméditation.

Parmi la multitude des divinités qu'adorent les Mekkois, il en est trois, des déesses, qui ont une plus grande importance que les autres : « *Al-Lat* », « *Al-Uzzâh* » et « *Al-Manât* ». L'une de ces trois déesses, « *Al-Lat* », a le même nom que la Divinité Créatrice Unique, Allah, Maître de la Pluie, dont le symbole sacré était la pierre brute, témoin inchangé de la Création, origine de la Pierre Noire de la Kaâba. Par sa structure ternaire et par le fait que le tout est identifié avec la partie, au delà de la simple logique humaine, cette croyance rejoint un aspect commun à la grande majorité des croyances religieuses de l'humanité, excepté l'Islam.

Quand on y regarde de près, on peut déceler, en effet, dans beaucoup de croyances qui ont précédé le christianisme ou qui lui ont succédé, une annonce indirecte et lointaine du mystère chrétien de La Trinité : Dieu est Un en Trois Personnes. Une recherche exhaustive n'est pas le but de cet ouvrage. Citons seulement, parmi d'autres, les trois aspects d'Ormuzd, Dieu mazdéen de l'ancien Iran, les trois corps de Bouddha, la triple forme du divin de l'Hindouisme avec Brahma, Vishnu et Civa, le Dieu suprême Illapa des anciens Péruviens constitué de trois personnes, le Père et ses deux fils, les trois grandes figures de la mythologie norvégienne : Wotan, Thor et Freyr qui sont à l'origine des mots anglais Wednesday, Thursday et Friday.

Ajoutons enfin, de façon purement anecdotique, deux exemples de triades charriés par l'explication positiviste du monde moderne, triades que les savants modernes ont cependant la sagesse de ne pas substituer au divin. La Science Physique reconnaît trois types de forces qui « régissent les lois de l'univers » : les forces électriques, les forces magnétiques et les forces de gravitation. Les savants s'obstinent – avec une grande pénibilité – à relier ces trois forces par une théorie unitaire. Au niveau de l'infiniment petit, la recherche d'un composant élémentaire de la matière semble avoir atteint sa limite avec les « quarks », qui existent par groupe de trois. Ces particules élémentaires, ultimes médiateurs entre le monde de la matière visible et celui de l'invisible, sont à la fois élémentaires et composites, en ce sens que, si elles sont constituées d'éléments, ces éléments seront de même nature qu'elles.

Certes, ces triades anciennes et modernes, et le paradoxe unitaire qui toujours les accompagne, n'ont qu'un rapport lointain avec ce qui est l'essence du dogme chrétien : une structure d'amour où les Personnes se valorisent les unes les autres et se réalisent dans le don et l'oubli d'elles-mêmes. Mais la présence de cette structure cachée, tout à la fois ternaire et unitaire, rappelle qu'à travers les âges, dans sa volonté de percer le mystère de sa destinée, cherchant pathétiquement le visage du divin, l'homme a toujours oscillé entre l'Un et le Pluriel. Nous verrons ultérieurement combien il est nécessaire à l'homme, pour rester humain, de marier intimement l'Un avec le Pluriel. Relevons seulement ce détail mentionné par les exégètes de l'Islam. Une des rares fois où l'ange qui inspira Muhammad se fâcha, fut celle où le prophète, après avoir sincèrement prié Dieu de le rapprocher de son peuple, consentit un fort modeste hommage aux trois déesses. Ces déesses, appelées aussi « *gharanig* » qui signifie cygnes en arabes, étaient aimées des hommes et des femmes qui se mettaient sous leur protection. Muhammad, qui était un homme bon et aimait son peuple, répugnait à priver son clan de l'intercession de ces « sublimes déesses ».

D'où provenait la colère de l'ange inspirateur de Muhammad ? Etait-ce, comme l'affirme l'interprétation musulmane, que cette concession aux idolâtres menaçait la lutte contre le polythéisme dont le Coran s'était fait le champion ? Ou était-ce parce que cette lointaine ébauche trinitaire que constituaient les déesses dérangeait au plus haut point l'inspirateur de Muhammad ? Oui, pourquoi donc, cette idée de concevoir Dieu comme une famille plutôt que comme une essence solitaire déplaisait-elle tant à l'ange qui inspira le Coran à Muhammad ?

Le fait est que Muhammad renia énergiquement les versets 20 bis et 20 ter du Coran connus sous le nom de « *versets sataniques* ». Ces versets furent aussitôt remplacés par ceux en places 19 à 23 de la sourate 53 : « L'étoile ». Le verset 52 de la sourate 22 : « Le pélerinage » rapporte aussi une sorte de « circonstance atténuante » que l'ange concéda alors à Muhammad :

Et Nous n'avons envoyé, avant toi, messager ni prophète qui n'ait eu quelque désir que le Diable ait lancé dans son désir ! Puis, Dieu abroge ce que le Diable lance. Puis Dieu renforce Ses signes, tandis que Dieu est savant, sage.

Il faut croire, cependant, que l'affaire était d'importance puisqu'on en trouve trace, encore, au verset 106 de la sourate 2 : « La vache » et au verset 101 de la sourate 16 : « Les abeilles ».

Les « *versets sataniques* » avaient vécu. Pourquoi donc faut-il alors qu'ils reparaissent aujourd'hui ?

Les musulmans ont chassé de leur croyance toute idée de divin qui serait pluriel en son unité. Le Coran répugne, en effet, à approfondir un mystère par lequel notre Créateur serait, à l'intérieur de Lui-même en quelque sorte, Echange, Partage, Don.

Et pourtant, si Dieu est Amour, peut-Il être seul ? Car, peut-on aimer seul ? Si Dieu est source de toute joie, toute joie n'aspire-t-elle pas à être partagée ?

Grâce à Dieu, si le Mystère Trinitaire a été chassé du Coran, l'esprit trinitaire demeure présent dans la vie des musulmans, en se manifestant en particulier par la grande solidarité dont ils font preuve entre eux et avec l'étranger. Certes, la solidarité est une vertu humaine qui ne peut, par elle-même, révéler une vérité aussi paradoxale sur Dieu que le Mystère Trinitaire. Mais, si elle respecte le libre-arbitre de chacun, la solidarité demeure néanmoins un comportement qui nous rapproche de la manière dont Dieu agit dans l'Echange Trinitaire.

Pour clore ce chapitre un peu austère, nous évoquerons un proverbe arabe qui, mieux que beaucoup de discours théologiques sur le Mystère Trinitaire, nous parle à sa façon, lointaine, discrète et pudique, de ce mystère :

« On ne peut applaudir d'une seule main ».

CHAPITRE III

PREMIÈRES APPROCHES

Dans la France d'aujourd'hui la cohabitation avec une forte communauté musulmane est un aspect sensible de la vie sociale et politique. Cette cohabitation ne date pas d'hier. Cela fait près de deux siècles, maintenant, que nos histoires sont mêlées des deux côtés de la Méditerranée. Aujourd'hui, cette cohabitation se passe pour l'essentiel sur le sol français, mais rien de ce qui s'y déroule n'est étranger au devenir de la Tunisie, de l'Algérie et du Maroc.

Aujourd'hui, comme hier, des chrétiens ont le souci d'humaniser cette histoire, ou simplement de la poursuivre. Beaucoup agissent à titre personnel ou familial, dans le cadre de ces grands lieux de rencontre que sont l'école, l'hôpital, les activités sportives ou culturelles, le champ immense de la vie associative, syndicale ou politique. Là, ou au seuil des maisons, se fait l'essentiel de la rencontre et se poursuit une belle et riche histoire, dont nous ne voyons trop souvent que les aspects négatifs. Le bien fait si peu de bruit...

Certains chrétiens éprouvent le besoin de se retrouver pour confronter leurs expériences à la lumière de l'Evangile et aller plus loin, ensemble, dans la rencontre avec l'autre. C'est dans cet esprit que furent créés, au sein de l'Eglise de France, les Comités ou Relais-Maghreb. Ces comités s'appellent aujourd'hui « Relais Maghreb - Méditerranée » et participent au service d'Eglise qu'est la « Pastorale des Migrants ».

Là où je demeure, un Comité Maghreb a vu le jour vers les années 1980. Il a longtemps été animé par un ancien prêtre-ouvrier, sensibilisé aux problèmes humains des musulmans par le compagnonnage qu'il avait vécu sur les chantiers avec des ouvriers immigrés. Une des premières années où nous fûmes réunis, nous avons éprouvé le besoin de mieux connaître les fondements de l'Islam. Nous l'avons fait, ensemble, à partir d'un livre du père Jomier, alors prêtre en Algérie, intitulé : « *Pour connaître l'Islam* ». Nous en avons étudié chaque fois un chapitre particulier.

Un chapitre de ce livre était consacré au Coran, à sa genèse, à l'histoire de sa lente « descente » parmi les hommes, comme « *parole increéée et éternelle* » dont le prophète Muhammad avait été le transmetteur fidèle et neutre.

Deux aspects de cette histoire m'avaient alors frappé.

Il y eut d'abord la forme et l'écriture du Coran, écrit dans un arabe chatoyant, « *inimitable* » selon ceux qui connaissent et aiment cette langue. Curieusement, ce caractère poétique du Livre semble accentué dans les premières sourates. J'apprendrai plus tard que ces premières sourates, dites propitiatoires, sont toutes rimées, parfois doublement, et assonancées en arabe. Après, vers les années 615-620, il semble que la rime devienne plus monotone, les versets plus longs et arythmiques.

Un autre aspect rapporté par le livre du père Jomier m'a intrigué.

Le Coran se présente en ses débuts, selon les dires mêmes de son réceptionnaire, comme l'annonce « *en une belle langue arabe* » aux polythéistes de La Mecque du même message monothéiste que celui des prophètes antérieurs de la révélation judéo-chrétienne. Ce qui rejoint, ou en tout cas ne contrarie pas, une aspiration sous-jacente chez Muhammad, celle de créer, non pas une religion nouvelle, mais plutôt « *la forme arabe de l'alliance biblique* ».

Les toutes premières sourates du Coran, celles du début de la période mekkoise retentissent d'une véhémente revendication de justice envers les pauvres, les orphelins, et toutes les victimes des riches injustes, usuriers et oppresseurs.

C'est, en général, au début de la révélation coranique que l'on trouve mention de la mission de Jésus Messie, Verbe et Esprit de Dieu, de sa naissance virginale, de la Résurrection, du Jugement dernier et de la Vie Eternelle.

C'est au moment de l'Hégire, c'est-à-dire de la fuite de Muhammad à Médine, en l'an 622 environ, que l'on peut déceler un changement de ton dans la révélation reçue. Sans renoncer à son rattachement à la tradition biblique, cette révélation se réclame d'Abraham « *qui n'était ni juif, ni chrétien* », et prétend en représenter la vraie filiation prophétique, qui culmine et se termine avec Muhammad, le « sceau des prophètes ». Son message, le Coran, est le critère de vérité de toutes les Ecritures antérieures : Torah, Psaumes et Evangiles, qui ont été « *falsifiés* » et l'Islam est la seule vraie religion.

C'est à la fin de la révélation coranique, dans la seconde période mekkoise, qu'apparaît, dans le message transmis, la « naturalité » de la nouvelle religion. Quand on sait que l'aspiration de l'homme à vivre le sacré hors des contraintes que l'esprit impose à la chair est aussi antique que son histoire, qu'elle est un secret désir par lequel chacun passe, et qu'elle fonde le socle intime de toutes les religions païennes, celles d'hier et d'aujourd'hui, on peut s'interroger sur cette lente déviance du message initial.

Enfin, c'est surtout à la fin de la révélation coranique que s'accentue la « permission » divine de la violence pour propager la nouvelle religion.

Pourquoi ce zèle poétique du début ? Pourquoi ce caractère privilégié affecté à la langue arabe pour “dire” un message universel ?

Mais pourquoi surtout, sur le plan doctrinal, ce durcissement et cet abandon, en quelque sorte, de l'idéal premier ?

PREMIER APERÇU SUR LE CORAN

Le Livre Saint des musulmans, le Coran, est un livre ardu et difficile. Il se présente sous la forme d'oracles parfois très brefs, de deux ou trois versets, parfois très étendus, de plus de cent versets, sur des sujets très divers : doctrinaux, historiques, moraux, juridiques. Le prophète Muhammad est censé transmettre la parole même de Dieu, « dictée » en arabe par l'intermédiaire de « l'Ange Gabriel », le même qui annonça à Marie sa délicate mission. Ces paroles ont été entendues et conservées dans le coeur des premiers compagnons de Muhammad. Progressivement, au cours d'une trentaine d'années, d'abord sous le califat d'Abou-Bakr, ensuite sous celui d'Omar, enfin sous celui d'Othman, elles furent consignées par écrit, groupées en 114 « Sourates » unissant parfois des sujets très divers. Elles furent finalement rangées en ordre en commençant par la plus longue : « La vache », qui vient juste après la première qui « ouvre » le recueil sous forme d'une prière : « Fâtiha », et en terminant, approximativement, par la plus courte : « Les hommes ». Le recueil coranique, composé donc après la mort du prophète, suit, très approximativement, l'inverse de l'ordre chronologique de « réception » des sourates.

Le Coran est un livre déconcertant. On n'aperçoit pas de liaison naturelle entre les matières traitées dans un même chapitre. Il faut sans doute être arabe et musulman pour trouver dans le caractère prophétique de chaque sourate une compensation à ce manque d'unité fondamentale. Les uns ont expliqué cette disparité par la nécessité de soulager l'ennui de l'uniformité et la tristesse de la monotonie qui répugnent à l'idéal de la langue arabe. D'autres ont rejeté le défaut de cette incohérence sur le compte des compilateurs, qui auraient commis ce malheureux mélange en rassemblant ces fractions et en les classant dans des chapitres. La tradition, cependant, s'accorde à établir que les sourates actuelles ont reçu, et leur composition, et leur dénomination, du vivant de Muhammad. Il faudrait donc conclure, avec le théologien musulman Abd-Allah-Drâz, à une marque originelle.

Donnons un exemple de ce caractère tout à la fois énigmatique, chaotique et poétique des sourates en récitant celle intitulée : « Le coup », et numéroté 101.

Au nom de Dieu le Très Miséricordieux, le Tout Miséricordieux.

Le Coup ! Qu'est-ce que le Coup ? Et qui te dira ce qu'est le Coup ? Le jour où les gens seront comme papillons éparpillés et les montagnes comme laine cardée, alors, quant à celui dont les balances seront lourdes, alors il sera dans une vie agréable. Et quant à celui dont les balances seront légères, alors sa destination est une fosse. Et que sais-tu de ce qu'elle est ? Un feu ardent !

Pour l'essentiel, le Livre fourmille de bonnes intentions qui invitent à l'amour de Dieu et du prochain. On y retrouve beaucoup de maximes d'humanité déjà présentes dans la Bible, ancien et nouveau testament inclus. En particulier, les Dix Commandements donnés à Moïse sur le mont Sinaï et les Béatitudes proclamées par le Christ peuvent être retrouvés, répartis çà et là dans les sourates coraniques. Donnons seulement trois exemples en laissant au lecteur le soin de déceler la différence de tonalité.

L'invitation à respecter la vie peut être retrouvée au verset 29 de la sourate 4 : « Les femmes ».

Ho, les croyants ! N'entre-dévorez pas vos biens à tort ;

mais que ce soit par négoce, avec votre consentement mutuel. Et ne vous tuez pas vous-mêmes.

La consolation promise aux affligés dans le Sermon sur la Montagne peut être perçue dans les versets 155 à 157 de la sourate 2 : « La vache ».

Très certainement, Nous vous éprouverons de quelque façon, effroi et faim, et diminution de biens, de personnes et de fruits. Or, fais bonne annonce aux endurants qui disent, quand un malheur les atteint : Oui, nous sommes à Dieu, oui, et nous retournons vers Lui. A ceux-là vont les penchants de leur Seigneur, ainsi que la miséricorde ; et ceux-là sont les biens guidés.

La confiance en la Providence, à laquelle Jésus appelle ses disciples dans la parabole des oiseaux du ciel et des lys des champs, ré-apparaît au verset 60 de la sourate 29 : « L'araignée ».

Combien de bêtes qui ne se chargent point de leur nourriture. C'est Dieu qui leur donne nourriture, ainsi qu'à vous. Et c'est Lui qui entend, qui sait.

Quoique atténué, on retrouve aussi, aux versets 120 à 123 de la sourate 20 : « Ta Ha », le récit de la transgression originelle et le rôle qu'y joua le Diable.

Et quand Nous dîmes aux anges : « Prosternez-vous devant Adam », ils se prosternèrent alors, sauf Satan, qui refusa.

Alors Nous dîmes : « O Adam, celui-là est un ennemi, vraiment, pour toi et ton épouse. Gare qu'il vous fasse sortir, tous deux, du Paradis ! ou tu seras malheureux. Oui, voilà pour toi : tu n'y auras faim ni ne seras nu, tu n'y auras soif, ni ne souffriras des rayons du jour montant. »

– Puis le Diable le tenta en disant : « O Adam, t'indiquerais-je l'arbre d'éternité, et un royaume qui ne vieillit pas ? »

Puis tous deux en mangèrent. Elle leur apparut donc, leur nudité à tous deux. Et tous deux se mirent à y coudre des

feuilles du Paradis. Et Adam désobéit à son Seigneur. Et il erra. Ensuite, son Seigneur le choisit, et accueillit de lui le repentir, et guida, et dit : « Allez-vous en tous deux, ennemis les uns des autres ! Puis, si jamais une guidée vous vient de Ma part ! »

Cette ressemblance de certains aspects de la révélation coranique avec le message biblique n'est que l'amorce d'une extraordinaire mosaïque de symétries que nous recenserons ultérieurement. C'est peut-être là un des deux phénomènes qui frappent l'imagination quand on scrute l'aventure de l'Islam en ses débuts. Le second phénomène est la persévérance et l'intégrité dont a fait preuve Muhammad pour obéir à sa mission, dès le moment où il fut convaincu de la vérité de celle-ci. Rien ne put l'arrêter. Il traversa mille et une épreuves, protégé par une étrange sollicitude qu'il déchiffra comme une protection divine.

Ces deux circonstances extraordinaires expliquent sans doute, en grande partie, la solidité de la nouvelle foi comme de celle qui demeure aujourd'hui.

LA VIOLENCE ET LE SACRÉ

Il demeure, quoi qu'on en dise, que la violence, l'intolérance et la dureté ne sont pas exempts du Livre Saint des musulmans. L'imbrication de la violence et du sacré, la présence de la dureté sont telles que nous sommes amenés à distinguer plusieurs niveaux.

Il y a d'abord la dureté envers la femme qui, pour l'époux, est comparé à un champ qui lui appartient et dans lequel il peut entrer comme il l'entend, comme en témoigne le verset 223 de la sourate 2 : « La Vache ». Le verset 34 de la sourate 4 : « Les Femmes » exhorte à battre, non pas les femmes infidèles, mais celles qui risquent de le devenir. La confiance entre les époux est suspecte pour Allah, comme en témoigne le verset 14 de la sourate 64 : « La duperie mutuelle », un verset qui, cependant, se termine par un appel au pardon :

Ho les croyants! Oui, certaines de vos épouses et de vos enfants vous sont ennemis. Prenez-y garde, donc. Et si vous faites rémission et vous passez d'eux et pardonnez, alors oui, Dieu est pardonneur, miséricordieux.

Il y a ensuite, toujours sur un plan humain pourrait-on dire, l'usage que Muhammad fit de la force pour prouver la vérité de sa religion. Certes, la force comme argument théologique n'est pas une réalité étrangère à l'histoire religieuse de l'humanité et, en Europe, nous en savons quelque chose! Mais le bilan, ici, est impressionnant. Les diverses biographies de prophète, rassemblées dans la « *Sîra* », lui attribuent l'organisation et la direction de vingt-sept campagnes militaires, tandis qu'il en confiait trente-huit autres à des compagnons. En dépit des bons sentiments qui attribuent au « *djihad* » un sens spirituel : le combat contre ses mauvais instincts, l'histoire montre que ce terme recouvrit surtout un sens militaire.

Le niveau le plus grave, toutefois, de la violence, intimement lié au précédent, est le niveau théologique, Le Dieu du Coran, que nous appellerons parfois Allah, est terrible pour ceux qui n'adhèrent pas à la nouvelle religion.

Si la prédication mekkoise se veut en ses débuts, seulement persuasive, très vite, cependant, Allah menacera du « feu de la Gehenne » ceux qui n'auront pas cru en son envoyé. Ne donnons qu'un exemple, que l'on pourrait multiplier par cent. Les versets 161 et 162 de la sourate 2 : « La Vache », rappellent :

Oui, ceux qui mécroient et meurent mécréants, sur eux la malédiction de Dieu et des anges et des hommes en totalité; ils y demeureront éternellement; le châtiment ne leur sera pas allégé, et on ne leur accordera pas de délai.

Cette colère d'Allah s'exercera d'abord contre ses compatriotes réticents, contre les polythéistes de La Mecque, puis contre les juifs, enfin contre les chrétiens qui ne seront pas épargnés. Ce fondement de la violence sur le vouloir divin ira en s'accentuant dans les dernières sourates. Que Dieu permette de tuer ceux qui ne pensent pas comme soi est déjà fort suspect. Plus encore, qu'Il conseille de serrer le cou pour accélérer la mort de l'impie, est irrecevable. Le Dieu d'Abraham, de Moïse et de Jésus a-t-il pu dire chose pareille? Le Dieu d'Abraham, de Moïse et de Jésus a-t-il pu préférer le suicide de ses enfants à l'adoration des idoles, comme le suggère le verset 54 de la sourate 2 : « La vache »?

Certes, ces passages du Coran sont parfois contrebalancés par des déclarations de tolérance, telle, par exemple : « **Nulle contrainte en religion** » de la sourate 2 : « La vache ». Mais il demeure que ces passages du Coran existent. Muhammad aurait-il mal entendu? Son messager se serait-il égaré?

En lisant certains appels au meurtre dont retentit le Coran, je ne pouvais m'empêcher de songer au caractère pacifique des hommes et des femmes de mon pays natal, la Tunisie. Si le Coran redescendait aujourd'hui, l'accepteraient-ils?

Le mystère chrétien de la Rédemption par la Croix du Christ, certes, n'a pas sa place dans le Livre Saint des musulmans, pas plus que le Mystère Trinitaire. C'est là, peut-être, dans son essence, le ferment de la plus grande violence. Le Coran retentirait-il d'accents de paix et d'invitations à la non-violence tout en occultant ou en minimisant, au nom même de Dieu, le sacrifice du Christ, il y aurait tromperie sur la condition réelle de l'homme. Seule la violence librement acceptée de la Croix arrache l'homme à son état originel. Mais nous sommes là au coeur de l'histoire du Salut, qui continue au coeur de chacune de nos histoires...

Toutefois, s'il fallait résumer les différences, au delà des dogmes, s'il fallait un fil directeur à travers l'incroyable labyrinthe de la révélation coranique, on pourrait dire ceci : le visage du Créateur qui ressort du Coran est celui d'un Dieu qui récompense les bons et punit les méchants, celui d'un Dieu justicier plutôt qu'un Dieu de tendresse et d'amour.

LE CORAN, PAROLE VRAIE MAIS ALTÉRÉE?

Face au durcissement du messager initial du Coran, face à l'occultation du Mystère Trinitaire, de celui du sacrifice du Christ, il me fallait trouver un fil directeur cohérent, au moins provisoire.

Nous devons être marqués plus que nous ne le pensons par l'importance qu'ont prise, en notre siècle, les sciences humaines, à la suite de l'avancée de la psychanalyse.

Je remarquai alors deux circonstances qui « entrèrent » dans la vie de Muhammad à Médine. Je leur accordai une valeur explicative dans ce que je considérais alors comme une altération de l'image du divin dans l'inconscient du prophète. Un philosophe moderne, qui professait que « *l'existence précède l'essence* », n'a-t-il pas dit que nos actes nous construisent?

La première de ces circonstances a trait au mélange du spirituel et du temporel chez le mystique Muhammad devenu peu ou prou soldat.

A Médine, Muhammad et les musulmans n'ont pas de moyens de subsistance. Ils décident donc d'attaquer les caravanes qoraïchites qui passent à une centaine de kilomètres de la ville.

Il y a plus grave. Muhammad n'apprécie pas que son « message » ne soit pas accepté avec enthousiasme et qu'il soit même tourné en dérision. Les juifs de Médine feront, les premiers, les frais de sa rigueur. La plus grande des trois tribus juives de l'oasis, les « *Banû Qaynûqa* », accusée d'hypocrisie, sera provoquée, dépouillée et exilée, tandis que la dernière restante, les « *Banû Quraïzah* », sera anéantie. Mais, en la matière, il est difficile de démêler ce qui fut dû à la survie de la communauté, menacée par les juifs qui se faisaient les alliés des Mekkois, et ce qui ressortit à l'intolérance.

Ces faits de guerre me semblaient une infraction à un idéal qui, chez un homme de Dieu, n'est pas sans conséquence. Est-il possible de pressentir la nature intime de Dieu si on n'accepte pas les différences humaines et les contradictions ? Comment savoir que Dieu est Dialogue si on refuse le dialogue avec l'autre ?

Une autre circonstance de la vie de Muhammad me paraissait alors avoir altéré l'esprit de sa mission initiale. Cette circonstance me semblait au moins aussi grave que la première, car, dans le coeur de Dieu, la qualité de l'amour humain a un prix inestimable. Ce qui altère la relation entre l'homme et la femme rejaillit sur la totalité du regard que nous portons sur les autres et sur le monde. Il est possible qu'entre ce qui blesse la vie et ce qui blesse l'amour soit établie, dans le coeur de Dieu, une mystérieuse relation paritaire. Même si ce qui ressortit à la vie ne peut échapper à des règles collectives tandis que ce qui ressortit à l'amour relève de notre liberté intime.

Au fil des années de sa mission prophétique, Muhammad devint insensiblement un homme très sensuel. On croit qu'après la mort de son épouse chérie, Khâdidja, qui survint à Médine, il épousa successivement jusqu'à treize femmes dont l'une, Aïcha, n'avait que onze ans et une autre était sa propre bru. Un hadith de la Sunna est à lui seul éloquent sur son appétit sexuel, qui affirme que Muhammad avait la force virile de trente hommes lui permettant de « faire le tour » de ses neuf épouses en une matinée.

Il est difficile de ne pas se sentir seul quand on est si entouré et de ne pas faire alors Dieu à son image !

A la suite de Muhammad, à la suite du Coran qui, dans certains de ses versets, considère comme suspecte toute réserve sexuelle de la part de l'homme, la sexualité, ou plutôt la génitalité, occupera dans la doctrine islamique une place propre aussi fondamentale que dans la théorie psychanalytique.

Et pourtant...

Et pourtant, l'homme ne fut jamais pervers.

Et pourtant, l'intempérance de l'homme n'empêchera pas une étoile de briller en son coeur, étoile qui avait le nom de sa première compagne : Khâdidja. Au point que ses épouses successives furent jalouses d'une défunte.

Que ce soit le goût du pouvoir, que ce soit l'inclination vers le sexe opposé, je crois que de telles faiblesses ont pu contribuer à faire dévier l'intention généreuse de bien des hommes et des femmes investis au départ d'une mission religieuse. Le Diable fait feu de tout bois pour contrarier la volonté divine. Il entre par le bien et le beau, et l'attirance amoureuse est un des plus beaux cadeaux que le Ciel nous ait consenti.

La Bible nous offre de tels exemples de faiblesse humaine avec Samson et Salomon. Je pense aussi à certains réformateurs de l'Eglise dont la réaction de contestation initiale était salutaire, mais qui n'ont pas su garder le chemin de l'unité.

Cette première approche du Coran, de la vie de Muhammad et de quelques circonstances extérieures qui accompagnent la révélation coranique ancrait en moi la vision d'un authentique réformateur religieux dont la mission avait été altérée. Jaloux et inquiet, le Diable lui avait, en quelque sorte, tendu un piège par le pouvoir et le sexe et, comme pour beaucoup d'entre nous, le croc-en-jambe avait réussi.

J'inclinais alors à croire que si le Coran n'est pas « la » Parole de Dieu au sens où l'entendent ceux qui ont mis leur confiance en Jésus-Christ, c'était peut-être « une » parole de

Dieu adaptée à un peuple et à une époque précise. Parole altérée, parole qui restait à purifier, mais Parole Divine tout de même! Le rayon divin, si rayon divin il y avait eu en l'âme d'un homme sincèrement épris de vérité, avait pris une toute autre direction que celle qui lui était dévolue en son point de contact initial.

La suite devait m'amener à croire que je prenais une fausse direction, qui donnait trop d'importance à une causalité naturelle plutôt qu'à une causalité surnaturelle. Je remercie le père Robert Caspar, curé de Sousse, Monastir et Madhia, en Tunisie, d'avoir contribué à me dissuader de cette interprétation, lorsqu'il me reçut pour un bref entretien, au mois de juin de l'année 1992.

ON NE PEUT TAIRE LA VÉRITÉ

L'ange qui inspira Muhammad mit toute son énergie à écarter la moindre idée de pluralité en l'Unique. A sa suite, Muhammad n'aura de cesse de se battre contre les « associateurs », qui semblent être, d'abord, certains Mekkois qui ne pensaient pas comme lui et, ensuite, les chrétiens.

Pourtant, ce mystère tant honni par celui qui inspire Muhammad, ne parvient pas à être totalement absent du message coranique. Ainsi, nous avons pu déjà constater que « Dieu » parle parfois sous forme de pluriel, comme au verset 4 de la sourate 50 : « La cité » : « **Nous avons créé l'homme en lutte** », ou comme au verset 11 de la sourate 54 : « La lune ». « **Nous ouvrimes donc les portes du ciel à une eau torrentielle** ».

Le pluriel atteint le paradoxe quand il sert justement à dénoncer une fausse conception du Mystère Trinitaire, celle de l'association. Ecoutons plutôt le verset 22 de la sourate 6 : « Les bestiaux ».

Et le jour où Nous les rassemblerons tous! Ensuite, Nous

dirons à ceux qui donnaient des Associés : « Où sont-ils, les Associés que vous prétendiez ? »

Enfin, outre Jésus « Verbe de Dieu », il arrive que le Coran fasse allusion à l'Esprit-Saint en soi, et non plus confondu avec Dieu ou Jésus. Certes le mot arabe utilisé : *« rûh »* veut aussi bien dire : « souffle ». De même, au verset 102 de la sourate 16 : « Les abeilles », on peut lire : « **C'est l'Esprit de sainteté qui a fait descendre cela avec vérité, de la part de ton Seigneur** ». Le verset 31 de la sourate 21 : « Les prophètes » associe l'Esprit-Saint à un bel hommage à Marie : « **Nous insufflâmes donc notre Esprit en elle, et la désignâmes, elle et son fils, comme un signe pour les mondes** ».

Terminons ce chapitre par une histoire oubliée de tous aujourd'hui. Cette histoire m'a été révélée par l'avant-dernière page d'un Livre écrit par un syndicaliste chrétien. Ce livre intitulé : « *Croire* » n'a pas de rapport particulier avec l'Islam. Parmi ceux que j'ai interrogés par la suite, que ce soient des marocains érudits ou des religieux chrétiens familiers de l'Islam, nul n'a pu me préciser l'identité de l'homme dont il est question. Aussi, bien que le livre cité me paraisse digne de confiance, je m'interroge : cet homme a-t-il vraiment existé ?

Vers le dix-huitième siècle vivait au Maroc un pieux marabout. Son amour de Dieu était tel qu'il décida de consacrer sa vie à la contemplation, en s'enfermant dans un couvent. C'est là un choix de vie qui est rare dans le monde musulman. Respectueux de la foi coranique, il commence alors à réfléchir sur Dieu, un Dieu nommé Allah. Un jour, au plus profond de sa contemplation, il découvre que Dieu n'est pas seul, que Dieu ne peut être unique en sa nature intime. Il lui apparaît que toute vie suppose un échange et que l'échange d'un Dieu Eternel suppose un Répondant de toute éternité. Reclus dans son couvent musulman, cet homme ne sait rien du Dieu des chrétiens. Mais sa méditation, sa prière, sa réflexion lui font découvrir un Dieu qui vit, un Dieu qui échange, un Dieu qui aime, un Dieu qui ne peut être seul dans sa nature de Dieu. C'est comme si ses yeux se dessillaient, comme s'il passait de la cécité à la vision : cela lui apparaît avec une telle clarté qu'il le proclame sur tous les toits et le crie à tous les vents. Mais on ne badinait pas avec le Coran à cette époque, et en ce pays, moins libéraux qu'aujourd'hui. On lui conseille de se taire, de revenir à une croyance plus orthodoxe. Devant son obstination, on le torture. Il continue à affirmer ce qu'il croit, à proclamer avec joie la vérité qui s'est révélée à lui. Las de l'entendre, on le brûle vif sur un bûcher. Jusqu'à son dernier souffle, il affirme que Dieu est Amour.

Par la seule force de sa pensée – et de son coeur – éloigné de toute influence chrétienne, cet homme avait découvert le Mystère de La Trinité. Une Trinité dont il ne connaissait pas la composition précise.

Si tu as vraiment habité parmi nous, béni sois-tu, ô musulman anonyme, toi qui par la simple fidélité à ta conscience, as descellé les portes de l'avenir.

Chapitre IV

LE FEU TRINITAIRE, SECRET DE LA VIE

« Monsieur, doit-on dire les mathématiques ou la mathématique ? »

Cette question me fut posée par un étudiant, il y a quelques années de cela, sur le campus où j'enseignais. Je ne sus y répondre. Quelle chance qu'il existe des questions auxquelles on ne sache répondre ! Cela réveille notre réflexion. Il m'a fallu quelques années pour relier cette question à d'autres paradoxes que l'on rencontre ici et là et qui ne s'éclairent qu'en étant reliées à un paradoxe plus grand encore, celui qui nous fait vivre.

Certes, j'ai été amené à redécouvrir le Mystère Trinitaire par d'autres heurts de l'existence, en particulier par les tensions qu'entraîne l'amour, quand il prend des formes si différentes dans la vie quotidienne : nos aspirations sont si contradictoires ! Et, pourtant, comme le dit Albert Camus, notre âme pressent qu'« *il n'y a qu'un seul amour dans l'univers* ». Je crois qu'on peut être un croyant sincère sans trop s'attarder sur la nature intime de Dieu et en reléguant au rang des oubliettes cette "abstraction" que paraît être la Sainte Trinité.

Je suis aujourd'hui reconnaissant à l'étudiant qui m'interrogeait d'avoir déclenché une réflexion qui, de fil en aiguille, m'a fait mieux approcher ce Mystère Trinitaire. Ce mystère a d'abord le merveilleux pouvoir de nous rendre Dieu plus aimable puisque Dieu est, en quelque sorte, une famille... très unie. Cette réflexion m'a aussi montré que ce Mystère Trinitaire s'inscrivait – assez simplement pourrait-on dire – dans la Création et dans l'Histoire. Je vais décrire dans ce chapitre quelques-uns de ces « reflets » trinitaires. Mon but n'est pas de prouver quoi que ce soit. On ne « prouve » pas Dieu, encore moins le Dieu de Jésus-Christ. Lui seul, dans sa suprême liberté, prend l'initiative de se révéler à celui qui le cherche. Il nous revient seulement de préparer notre esprit à accueillir le don de l'Esprit dans la liberté et la confiance. Et pour cela, le Seigneur nous a donné la raison, la belle et lumineuse raison, qui va de pair avec l'esprit d'observation.

LES DEGRÉS DE LA RÉVÉLATION TRINITAIRE

Le Mystère de La Trinité est un peu trahi dans son essence quand on le résume à être celui d'un Dieu Unique en Trois Personnes : le Père, le Fils et le Saint-Esprit. C'est plutôt dans la relation d'amour entre ces Trois Personnes, amour donné, amour accueilli, amour unissant, qu'il réside. Le Père, le Fils et l'Esprit sont, en quelque sorte, trois grands pauvres qui ne s'appartiennent pas, qui se reçoivent chacun d'un autre, qui ne reçoivent que pour donner. Chacun n'existe que par et pour l'autre et même les deux autres. L'image de l'enfant qui ne vit que par et pour ses parents et qui est toute leur joie, celle des époux, qui, aux heures claires de l'amour, vivent une dépendance mutuelle confiante, éclairent lointainement ce mystère divin. Qu'est-ce que la Création du monde d'ailleurs ? Peut-être, l'effet d'une joie si débordante entre les Personnes Divines qu'Ils n'ont pu la garder pour eux et ont pris le risque de la faire partager...

Le Mystère Trinitaire est déjà présent, en filigrane, tout au long de l'histoire de l'Ancienne Alliance conclue entre Dieu et le peuple qu'Il s'est choisi pour entrer dans notre histoire. Donnons-en quelques traces scripturaires dans les pages qui suivent.

Les traces bibliques qui annoncent La Trinité Divine peuvent être groupées en deux catégories. Les unes contiennent l'un ou l'autre des noms des Personnes Divines : Père, Fils, Verbe ou Parole, Esprit ou Souffle. Les autres font pressentir une pluralité en Dieu.

Remarquons d'abord que le Créateur est parfois appelé Père. Ainsi Moïse, dans son cantique d'adieu relaté dans le chapitre XXXII du Deuteronome, s'écriera à l'égard de son peuple : « **N'est-ce pas lui ton père, qui t'a donné la vie?** » On pourrait aussi citer les versets 27 et 13 des Psaumes respectifs, LXXXIX et CIII, les versets 16 et 7 des chapitres respectifs LXIII et LXIV du Livre d'Isaïe, ainsi que certains passages du Livre de Jérémie ou du Livre de la Sagesse.

La Bible contient, en second lieu, de très nombreuses références à l'Esprit. Certes, cet Esprit n'est pas aussi personnifié qu'il le sera plus tard, mais il est déjà là en « **ce souffle de Dieu qui planait à la surface des eaux** » selon la deuxième phrase de la Bible. C'est Lui qui se matérialise en une colonne de nuée ou de feu pour guider le peuple hébreu en exode. C'est Lui qu'invoqueront souvent les prophètes, tel Ezéchiel envoyé en une étrange vallée de la mort, pleine d'ossements.

Cet Esprit est d'ailleurs associé à Celle qui « **était là avant que les collines et les montagnes soient plantées, qui déteste l'orgueil et mensonge et qui trouve ses délices parmi les enfants des hommes** » : la Sagesse, dans le Livre du même nom. Dans le Livre de Job, l'Esprit de Dieu est dit Créateur, donc Dieu lui-même. Plusieurs textes du Livre des Psaumes parlent de l'Esprit de Dieu. Il est, d'ailleurs, un passage de ce Livre, le verset 6 du psaume XXXIII, où le Créateur semble se dédoubler en une Parole et un Souffle : « **Par sa parole, le Seigneur a fait les cieux et toute leur armée par le souffle de sa bouche** ». Ce même Livre des Psaumes contient quelques passages, comme le verset 20 du Psaume CVII, qui évoquent une Parole qui s'incarnerait.

Parallèlement à l'Esprit, une mystérieuse promesse messianique court tout au long des interrogations du peuple choisi. Tantôt ce sont les Livres sapientiaux et poétiques qui se font l'écho de cette promesse, comme au verset 7 du psaume II ou comme au verset 4 du chapitre XXX des Proverbes. Tantôt ce sont les prophètes qui se font les hérauts de cette promesse, tel Nathan qui promet à David une royauté issue de ses entrailles.

Il revient au prophète Isaïe, celui qu'on dit aux lèvres purifiées, d'avoir été le plus éloquent et le plus précis dans cette promesse messianique, en particulier dans le verset 14 du chapitre VII et dans le verset 5 du chapitre IX. C'est Isaïe qui donnera le nom d'Emmanuel à ce Prince de la Paix, dont il prédit qu'il « **perdrait toute apparence humaine** » quand « **il serait transpercé à cause de nos péchés** ». Par deux fois, aux versets 1 et 2 du chapitre XI et au verset 16 du chapitre XLVIII, le prophète Isaïe ira jusqu'à associer le Fils et l'Esprit dans la promesse d'un roi juste et pacifique qui « **ne jugera pas selon les apparences** ».

Un beau signe trinitaire, enfin, ressort du verset 9 du chapitre XII du Livre de Zacharie. Le Seigneur se déclare lui-même atteint par la mort infligée à son envoyé, mais la phrase suivante fait à nouveau la distinction avec cet envoyé, assimilé à un « **fils unique** ».

Les textes bibliques qui marquent une pluralité en Dieu, le font de trois façons : par l'usage de la forme du pluriel, en particulier lorsque c'est Dieu qui parle, par la répétition, à trois reprises, du mot Dieu ou Saint ou par la mention de

Dieu qui parle de Dieu, ou enfin lorsque, dans une apparition, l'être apparu est tantôt un, tantôt multiple, ou bien tantôt Ange de Dieu, tantôt Dieu lui-même.

La Bible offre plusieurs textes où Dieu prend la parole et emploie la forme du pluriel. L'exemple le plus pertinent et le plus ancien que l'on peut citer est sans doute ce pluriel du récit de la création du monde : « **Dieu dit : Faisons l'homme à notre image, selon notre ressemblance** » (GENESE I, 26-27). On trouve trace de ce pluriel aux versets 18 et 22 du chapitre III de la Genèse ou dans le verset 7 du chapitre XI de la Genèse. Il arrive à Dieu lui-même d'utiliser ce pluriel, comme en témoigne le verset 28 du chapitre IV du Livre de Daniel.

Toutefois, plutôt que ce pluriel verbal, qui reste rare, le Livre de la Genèse nous offre une autre interrogation trinitaire, plus simple, dans le « nous » même qu'elle accorde au Créateur. Dans les écritures hébraïques, en effet, le mot « *élôah* » (Dieu) a deux pluriels : « *élohim* » (Dieu) et « *élohé* » (Dieu de). Ces pluriels désignent généralement Yahvé auquel cas on les traduit par un singulier : « Dieu ».

On peut voir également un signe de la pluralité de Dieu lorsque les mots : Dieu ou Saint sont répétés trois fois comme c'est le cas dans le verset 3 du Livre d'Isaïe. Il en est de même de la formule : « **Dieu d'Abraham, Dieu d'Isaac, Dieu de Jacob** » par laquelle le Seigneur se fait connaître à Moïse, dans le verset 15 du chapitre III de l'Exode.

De nombreux textes bibliques font pressentir une multiplicité en Dieu, où Dieu lui-même parle de Dieu. C'est le cas du verset 6 du Livre IX de la Genèse, dans lequel Dieu dit à Noé : « **Car à l'image de Dieu, Dieu a fait l'homme** ». Dans le même esprit, on peut citer le verset 24 du chapitre XIX de Livre de la Genèse comme le verset 19 du chapitre XXXIII du Livre de l'Exode.

Enfin, la pluralité divine se manifeste dans la Bible lors des apparitions. L'exemple le plus frappant et le plus poétique est l'apparition de trois anges à Abraham, venus annoncer une bonne nouvelle : celle de l'amour et de la fécondité qui reviennent visiter Abraham et Sara. Le récit biblique fait alterner le singulier et le pluriel pour désigner les visiteurs.

Mais cette présence trinitaire dans l'Ancienne Alliance demeure cachée, comme voilée.

C'est Jésus-Christ qui, en venant habiter parmi nous, nous a révélé le Mystère Trinitaire. Il l'a fait par sa parole, certes, mais plus encore, Il nous l'a révélé par sa vie vécue en communion intime avec son Père, sous l'impulsion de l'Esprit. L'héritage qu'Il laisse à ses disciples, héritage d'où est née l'Eglise, tient peut-être dans cette exhortation : « **Comme toi, Père, tu es en moi et moi en toi, qu'ils soient en nous eux aussi, pour que le monde croie que c'est Toi qui m'as envoyé** ». JEAN (XVII, 21)

Il faut remarquer que l'adhésion au Mystère Trinitaire n'a pas été sans mal et sans dérives dans l'Eglise des premiers siècles. Plusieurs conciles furent nécessaires pour clarifier la croyance, mettre en garde contre des déviances et aboutir au « Credo » d'aujourd'hui. Un mystère reste un mystère! Aujourd'hui encore…

Ces quelques pages nous montrent combien l'éclosion du mystère de La Trinité Divine à la conscience humaine est le fruit d'une très lente maturation à travers les siècles.

Aussi, face à nos amis musulmans, est-il peut-être opportun de se rappeler ce proverbe oriental qui nous invite à respecter « l'horloge divine » plutôt qu'une horloge trop humaine : *« Ce n'est pas en tirant sur un brin d'herbe qu'on le fera grandir plus vite »*. Et de se souvenir que nous avons autant à recevoir qu'à donner pour grandir ensemble.

Donner, recevoir, n'est-ce pas là l'essentiel de l'esprit trinitaire?

QUELQUES TRACES DANS LA CRÉATION

Le Mystère Trinitaire n'est pas qu'une belle réalité abstraite, qui concerne ce qui se passe dans le Ciel. Il s'inscrit, en effet, en nous et autour de nous. La Création toute entière, dans ce qu'elle est et dans ce qu'elle devient, réfléchit la structure intime de son Créateur.

Ce mystère s'inscrit d'abord dans la nature. Un reflet de ce mystère peut être perçu dans les trois ordres de la vie, l'ordre minéral, l'ordre végétal et l'ordre animal, ordres séparés et quelque part unifiés. L'espace dans lequel nous évoluons est à trois dimensions. Le temps lui-même s'accorde en un passé, un présent et un futur qui, mystérieusement, se fondent ensemble en des instants privilégiés de nos vies.

Un peu de recul et de volonté de mettre de l'ordre dans l'extraordinaire foisonnement de ce qui anime cette vie qui nous entoure, nous amène à constater trois manifestations de l'énergie dans le monde : l'énergie physique qui se manifeste par le mouvement, l'énergie biologique qui se manifeste par la vie et l'énergie psychique qui se manifeste par la pensée et la dialectique. Ainsi l'énergie, dont on peut penser à la suite des travaux de Planck et d'Einstein, que la substance n'est qu'une modalité, semble unique dans son essence et triple dans ses manifestations.

Et pourtant cette vie qui nous entoure dans l'Univers est « une ». C'est cette unité cachée des ordres de la Création qui parle au poète, au savant, et ne finit jamais d'interroger son esprit de contemplation.

Mais le Mystère Trinitaire s'inscrit par-dessus tout en l'homme, créé à l'image de Dieu. Ainsi, notre capacité d'appréhender le monde extérieur, et d'entrer en relation avec l'autre, joue sur des registres différents, celui de la pensée, celui des sens et celui de l'affectivité. On aime avec son coeur, avec sa tête ou avec son ventre, dit le langage populaire. Un des grands problèmes de l'existence est peut-être d'unifier, de féconder l'une par l'autre ces différentes manières d'aimer. Ce n'est jamais gagné !

Un reflet du Créateur est là dans la capacité de l'homme à dialoguer avec lui-même, quand ce dialogue est fécond. Parler de dédoublement de la personnalité a une connotation péjorative, car il est vrai que ce dédoublement met souvent en cause l'unité de la personne. Mais, à y regarder de près, la vie intime de la conscience se nourrit d'un dédoublement perpétuel du Moi qui se fait dans l'unité. Tel, par exemple, se sent devenir insensiblement paresseux et s'astreint à se lever un peu plus tôt le matin. Tel autre s'étonnera et se dira à lui-même : « *Je ne sais pas ce qui m'arrive. Je me sens changé* ». N'est-ce pas d'ailleurs dans le fait de pouvoir se parler à soi-même dans la paix que réside la capacité de l'homme à se désagréger de son clan pour mieux porter du fruit par l'art, l'écriture ou la prière ? C'est l'esprit trinitaire qui permet une solitude féconde.

Que la conscience humaine soit capable de se dédoubler tout en gardant son unité avait beaucoup impressionné l'évêque d'Hippone, Augustin. Dans une théorie psychologique de l'homme, image de La Trinité, Augustin avait d'ailleurs distingué trois capacités de l'être humain, en ce qui le concernait : se connaître, s'aimer, se gouverner.

Il est des situations moins psychologiques, plus rares, où l'homme peut être rendu spectateur de lui-même. Ces situations s'éclairent aussi par notre ressemblance avec Dieu. Le phénomène de bilocation, c'est-à-dire le fait qu'une personne soit vue simultanément par des témoins différents à deux endroits différents, a été parfois rapporté à propos de ceux dont la vie spirituelle est intense. Le phénomène de décorporation, c'est-à-dire le sentiment de s'extraire de son propre corps et de flotter au-dessus de lui, a été rapporté plus récemment par des personnes victimes d'un coma profond qui les a menées aux frontières de la mort.

On peut voir aussi une trace dynamique du Mystère Trinitaire dans le fait paradoxal que nous trouvions repos et délassement dans le contraste de nos activités. L'homme est un être de désir et le secret de ce désir, de cette dialectique, n'est-il pas caché dans un invisible relais d'amour que se transmettent les Personnes qui composent l'Unique ?

Un des reflets les plus subtils du Mystère Trinitaire en l'homme est peut-être sa capacité à l'humour. On ne rit pas seul, et même quand il nous arrive de sourire seul, n'est-ce pas toujours par et pour un autre ? Un monde sans humour est un monde sans Dieu, ou qui se trompe de Dieu.

Saisissons cette occasion pour raconter une anecdote de la vie de Muhammad qui a rapport avec le Mystère Trinitaire. De façon tout à fait personnelle, je perçois en cette anecdote l'humour de Celui qui ne se laisse jamais enfermer dans les catégories que nous Lui assignons.

Quelques heures avant de mourir, dans la maison de son épouse Aïcha, Muhammad a voulu dicter ses dernières instructions et a demandé pour cela un secrétaire. Aïcha s'en fut chercher Abou-Bakr, tandis qu'une autre épouse, Hafsa, a quémandé Omar. D'autres personnes s'affairèrent à prévenir son gendre Ali. Quand Muhammad s'aperçut qu'il en venait trois alors qu'il n'en avait appelé qu'un seul, il en fut contrarié et les renvoya tous. Tant pis pour eux, après sa mort ils se débrouilleraient !

C'est dans l'amour humain, peut-être que le Mystère Trinitaire trouve sa plus belle image, au point qu'on a pu qualifier cet amour d'« *Icône de La Trinité* ».

Le verset 24 du chapitre I de la Genèse nous l'annonce : « **Dieu créa l'homme à son image, à l'image de Dieu il le créa ; mâle et femme, il les créa** ».

L'amour humain réfléchit dans son propre mystère le Mystère Créateur car, d'abord, il se nourrit de la radicale égalité de l'homme et de la femme comme de leur radicale différence. Quand bien même elle en reste à son expression inachevée de pulsion physique, l'attirance entre l'homme et la femme est peut-être le symbole premier de cette unité qui existe entre les Personnes Divines : la sexualité humaine s'enracine dans le Mystère Trinitaire. Elle en est la réalisation, mais aussi le symbole.

Un symbole était, à l'origine, un objet cassé en deux qui servait à sceller un contrat. Chacun des partenaires de la promesse engagée emportait avec lui la moitié de l'objet, afin de le reconstituer quand le contrat était honoré. Le plaisir amoureux ne serait donc que partie de ce qu'il annonce ? Se pourrait-il qu'il soit là une fenêtre sur le ciel ?

« Ils sont deux mais c'est quand ils ne firent plus qu'un qu'est éclos le troisième ».

Comme le dit si joliment ce faire-part de naissance que l'on a pu recevoir un jour, l'enfant, éternel messager de l'innocence de Dieu, naît du rapprochement confiant de l'homme et de la femme, un peu comme l'Esprit procède de l'amour du Père et du Fils, comme le Fils naît du « OUI » de Marie et du souffle de l'Esprit, comme le Dieu des philosophes révèle son vrai visage à l'homme assoiffé de tendresse, par les larmes d'une fille de joie.

La réalité, hélas, est souvent plus prosaïque. La gratuité du don du Créateur dans la sexualité en fait le lieu par excellence où peut s'exercer la volonté de puissance et l'égoïsme.

La famille, avec sa diversité dans son unité, nous introduit à la grande famille des races, des peuples et des cultures de l'humanité.

Pour qui sait regarder une foule, un des reflets du Mystère Trinitaire, le plus banal et le plus extraordinaire peut-être, est cette prodigalité toujours renouvelée qui fait de chaque homme un être unique et qui nous fait tous semblables quelque part ! Si le Créateur était seul en sa nature de Dieu, ne serions-nous pas peu ou prou des clones ?

QUELQUES TRACES DANS L'HISTOIRE

La vie sociale, en ses dimensions culturelles et politiques se nourrit aussi du Mystère Trinitaire, quand elle est harmonieuse. La paix entre les nations commence quand on se considère égaux et différents. La paix à l'intérieur d'une nation commande la séparation des pouvoirs. Remarquons un signe trinitaire formel en ce qui concerne les pouvoirs d'une République comme la France. La tradition en distingue trois : le pouvoir législatif, le pouvoir exécutif et le pouvoir judiciaire. C'est là une réalité peut-être un peu dépassée dans les faits, aujourd'hui, où d'autres pouvoirs, comme le pouvoir médiatique et le pouvoir économique ont pris l'importance que l'on sait.

La séparation des pouvoirs est un facteur essentiel de la paix sociale, en ce sens qu'il y a régulation du pouvoir et des décisions liées à ce pouvoir. Il m'apparaît que ce n'est pas un hasard si la démocratie est plus difficile à naître et à exercer dans les pays marqués par une tradition où Dieu est conçu comme solitaire, car le pouvoir humain réfléchit le pouvoir divin. Il réfléchit donc la manière dont s'exerce ce pouvoir divin. Une image nous éclaire, celle du trépied de certains instruments. Avoir une assise constituée de trois pieds distincts est la façon la plus économique d'avoir une assise stable.

La séparation du spirituel et du temporel, c'est-à-dire la laïcité de l'état et des institutions, me semble s'inscrire dans cette lente et pénible aspiration de l'humanité à la paix sociale.

La paix sociale, hélas, ne suffit pas à la paix en chacun. Notre époque en est l'illustration. La paix. Mais qu'est-ce que la paix, au juste ?

Chacun peut voir un obstacle à la paix en l'agressivité, qu'elle soit en nous ou autour de nous. Il est sûr que le chemin de la paix commence par cette « *djihad* » dont parlait Muhammad, la guerre contre ses passions. La paix commence par la maîtrise de soi et le respect de l'autre.

Cela ne suffit pas, hélas. Le bien n'est pas l'absence de mal.

Eliminez vos passions. Si vous n'avez pas de chemin où avancer, si vous ne pouvez déployer l'énergie qui est en vous dans une direction qui plaise à Dieu, ce sera l'implosion et la paix n'en sortira pas gagnante.

C'est en cette délicate articulation de nos vies que le Dieu Trinitaire de Jésus-Christ a quelque chose à nous dire, ou plutôt à nous donner. Participant Lui-même de l'Echange Trinitaire, son sacrifice librement consenti nous communique une vie que nous sommes radicalement incapables d'inventer par nos propres forces humaines. Et Dieu sait si nous essayons !

La science est un fruit de l'Esprit et du travail de l'homme. Pour peu qu'on ne fasse pas de cette science une explication totalisante de l'Univers, elle laisse apparaître de beaux symboles religieux. N'étant familiarisé qu'avec les mathématiques, je ne relèverai que trois symboles trinitaires qui me sont apparus, lentement et comme par hasard, au fil de mes méditations solitaires.

Doit-on dire « la » ou « les » mathématiques ? Les deux, peut-être ! La mathématique est « une », en effet, dans son essence. Quand on la pratique, on ressent bien l'exclusivité de la discipline et c'est bien là, d'ailleurs, le côté pénible de l'affaire ! Bien que les passerelles soient nombreuses, les mathématiques, pourtant, sont plurielles dans les genres qu'elles revêtent. On distingue, en général, trois grandes branches du Calcul : la Géométrie, l'Algèbre et l'Analyse.

L'objet de la mathématique est la mesure de la quantité. Cette quantité, cependant, a la particularité de se présenter à nous selon deux aspects. Il y a, d'une part, l'aspect « séparé », associé un peu à l'idée de nombre entier : 1, 2, 3... et au verbe : « compter ». Il y a, d'autre part, l'aspect « continu », évoqué par l'écoulement du temps ou le rassemblement des points d'une droite. Le verbe ici en faveur serait plutôt : « mesurer ».

Séparé, continu, compter, mesurer... ces deux aspects du nombre sont pourtant indissociables et c'est de leur enchevêtrement parfaitement ordonné que se construit, au fil des siècles, l'édifice du Calcul.

Les mathématiques, on le sait, participent de l'étincelle divine présente en l'homme, capable d'infini. Je me suis alors interrogé : « Et si la face "continue" du nombre réfléchissait l'unité du Divin tandis que la face "séparée" était image de la vie propre de chacune des Personnes qui composent ce Divin ? ».

Le troisième beau symbole relevé a trait à ce qui caractérise l'infini. Longtemps, les mathématiciens ont répugné à définir cet infini, se contentant de l'utiliser avec prudence dans leurs calculs, et toujours dans un contexte précis. Il revient à l'Autrichien Richard Dedekind d'avoir osé, le premier, une définition formelle d'un ensemble infini en 1887.

Sans entrer dans les détails techniques de cette définition, disons simplement qu'elle fait apparaître « *un tout semblable à sa partie* ». Ce paradoxe d'un tout égal à la partie retrouve un regain lorsque le savant Benoit Mandelbrot invente les objets fractals en 1975. Il réapparaît dans les sciences physiques quand on essaie de modéliser ces particules élémentaires de la matière que sont les quarks.

L'infini réfléchit l'image du Créateur dans ce grand livre de la raison humaine qui a nom « mathématique ». On a, me semble-t-il, dans cette approche intellectuelle de l'infini, lentement mûrie au cours des siècles, une image du Mystère Trinitaire, mystère en lequel chacune des Personnes Divines est Dieu à part entière et participante à Dieu.

Les sciences humaines laissent aussi apparaître de beaux symboles trinitaires, ce qui éclaire peut-être les fixations idéologiques qu'elles ont pu susciter. Relevons seulement l'importance du dialogue entre père et enfant, et en particulier entre père et fils, dans la Psychanalyse de Sigmund Freud et les trois états du « Moi » de l'Analyse Transactionnelle.

S'il est un domaine de l'histoire où nous devrions trouver trace de ces Trois Personnes qui ne sont qu'Un, c'est celui des religions.

Nous avons vu, dans le chapitre II, quelques-unes de ces traces apparaître dans les religions orientales ou antiques. Une autre trace majeure est que la foi monothéiste se partage humainement en trois grandes branches. Celles qu'on appelle les « religions du Livre », en effet, sont trois : le Judaïsme, le Christianisme et l'Islam. Le Christianisme lui-même, comme chacun sait, se partage en les branches orthodoxes, protestante et catholique. L'Eglise catholique romaine rassemble d'abord des peuples latins dont la fidélité au Christ, dans leur majorité humaine, n'est sans doute pas plus exemplaire que celle des peuples qui composent les autres implantations géographiques de cette chrétienté. Pour autant, il lui revient, peut-être et douloureusement, le dépôt de l'unité, non pas par décret humain, mais parce que Dieu veut cette unité comme moyen d'un Salut offert à tous. Qui donc a dit que « *Dieu est un père pour qui chaque homme est son enfant préféré* » ?

Dans l'histoire de l'Islam, on peut aussi relever une séparation en trois grands courants, un peu comme le fleuve monothéiste ou comme le fleuve chrétien lui-même, se sont séparés en trois grandes branches.

Les sunnites, ou orthodoxes, suivent le calife de fait et représentent aujourd'hui la grande majorité des musulmans. Les chiites, partisans d'Ali, le calife de droit, sont nombreux en Irak, en Iran, en Inde et au Pakistan. Les khâridjistes, enfin, rigoristes et puritains pour le culte et la morale, survivent en petits groupes au Mzab algérien, à l'île tunisienne de Djerba, en Lybie et en Oman d'Arabie.

Pourtant, un fort sentiment d'unité autour d'une même foi se marie avec cette diversité : par-delà ou en deçà des clivages politiques ou religieux, les musulmans ont le sentiment presque viscéral d'appartenir à une même communauté : « *l'Umma* ».

Dans la révélation coranique elle-même, La Trinité Chrétienne est bien présente, mais sous la forme d'un… malentendu : le verset 116 de la sourate V : « Le plateau servi » semble indiquer que les trois dieux des chrétiens seraient Allah, Jésus et Marie. Ainsi les chrétiens seraient des « trithéistes »… Et pourtant, bien d'autres passages du Coran, comme le verset 62 de la sourate II : « La vache », les versets 110 à 115 de la sourate III, le verset 55 de la sourate IV : « Les femmes » ou les versets 69 à 82 de la sourate V : « Le plateau servi », placent les chrétiens parmi les monothéistes, les gens de l'Ecriture.

Ces versets traduisent, bien sûr, le regard traditionnel, mais non plus toujours actuel, des musulmans sur le Mystère Trinitaire. De même, beaucoup de musulmans du Maghreb et de France, pour peu qu'ils soient enclins à réfléchir et à dialoguer sur la et les religions, n'associent plus de paternité biologique au « *Père* » invoqué par le Christ.

Un des signes les plus subtils de la théologie musulmane qui approche la pluralité divine en respectant scrupuleusement son unité est peut-être les « quatre-vingt dix neuf » noms, qualifiés de « très beaux », que la tradition coranique attribue à Dieu. Les plus importants, après Allah, sont : le Saint, le Créateur, le Tout-puissant, le Donateur de tout bien, le Pardonneur, le Juste, le Bon, le Sage, l'Unique, le Très-Aimant, mais aussi le Dominateur, le Victorieux, le Vengeur. Un problème théologique très débattu, entre les écoles musulmanes, fut d'ailleurs celui du rapport entre l'essence divine, strictement unique, et les multiples attributs divins. Apparemment bien abstrait, c'est pourtant un problème qui fit couler beaucoup d'encre et parfois de sang.

Il est un autre phénomène de la pratique populaire de l'Islam que l'on peut rapprocher lointainement du Mystère Trinitaire en ce sens qu'il exprime, et le besoin de proximité de Dieu, et le besoin d'intercession : le maraboutisme et, avec lui, celui des confréries. Tout métissé de croyances magiques et de supertitions qu'il est, le maraboutisme s'apparente assez bien au phénomène catholique des Saints ou celui de la simple prêtrise : c'est une permanence universelle. Cette pratique ne fait pas toujours bon ménage avec l'orthodoxie musulmane qui répugne à ce que Dieu puisse avoir des « associés ». Le maraboutisme est plus vif dans les campagnes que dans les gandes cités, exprimant par là aussi une permanence universelle : la simplicité de vie et la proximité de la nature favorisent chez l'homme une connaissance innée des mystères divins.

CHAPITRE V

UN ANGE BIEN ÉTRANGE

Comme sans doute dans bien d'autres villes de France, il existe là où j'habite des associations qui s'efforcent de maintenir, contre vents et marées, l'échange culturel entre les deux rives de la Méditerranée. Animées tantôt par des musulmans, tantôt par des chrétiens, toujours par des hommes empreints d'un idéal humaniste, ces associations organisent conférences, débats, voyages, parrainages, accueils d'enfants, de cadres et de sportifs... autant que leur permettent leurs moyens. Par dessus tout, elles entretiennent un réseau d'amitiés entre personnes de cultures différentes. C'est dans l'une de ces associations qu'il m'est advenu de feuilleter un livre sur le rayon d'une bibliothèque. Sous la plume de Mohammed Hamidullah, homme dont je découvrais la loyauté intellectuelle, je pris connaissance de la vie détaillée du prophète de l'Islam. Je fus alors frappé – « étonné » au sens premier – de certaines circonstances qui accompagnèrent la « descente » du Coran, circonstances qui me parurent, de beaucoup, moins anodines qu'à celui qui les rapportait.

La raison pour laquelle ces circonstances me paraissent très signifiantes est qu'elles ont trait au corps. En termes d'aujourd'hui, nous dirions qu'elles sont plus somatiques que psychologiques.

En matière de Révélation et de discernement spirituel dans ce qui est surnaturel, il me semble que ce qui est de l'ordre du corps, et par extension de la matière, complète ce qui est de l'ordre de la Parole. Une parole peut toujours être récupérée, malmenée, insidieusement trahie dans son esprit, bref être interprétée différemment, et, jusqu'à la fin des siècles, l'homme ne s'en privera pas. Il me semble que l'on peut moins tricher avec ce qui est de l'ordre de la chair, mais peut-être est-ce là une illusion de scientifique toujours prêt à rechercher une réalité objective indépendante de la volonté de l'homme. L'homme est un tout et le corps exprime parfois un langage qui reste à déchiffrer. Ce n'est pas le Docteur Freud qui me contredirait…

Dans le questionnement annoncé par le titre de ce livre, ces circonstances occupent une place centrale, peut-être parce qu'elles sont muettes, donc plus éloquentes, peut-être parce que ce sont elles qui réveillèrent mon esprit critique.

Je classerai ces circonstances et les commentaires qu'elles m'inspirent en cinq rubriques : la première visite de l'ange, le trouble qui s'ensuivit chez Muhammad, les désordres physiques qui accompagnaient la « descente » des révélations, le phénomène du poids extrême et l'identification par Muhammad de son visiteur parmi un groupe.

La première de ces circonstances se distingue des autres, en ce sens qu'elle échappe un peu à la nature somatique des signes que je viens d'annoncer. Elle a trait à la manière dont « L'Ange Gabriel » s'est fait connaître à Muhammad dans la grotte du Mont Hira.

Depuis cinq ans déjà, Muhammad y effectue une retraite solitaire. Là, loin du milieu impie de la ville, son âme assoiffée d'absolu prend appui, tantôt sur la vue du temple de la Kaâba, tantôt sur celle de l'immense ciel d'Arabie criblé d'étoiles, pour s'élever loin des contingences terrestres. Cette âme est en éveil. Il confiera plus tard à l'une de ses épouses, Aïcha, que tout ce qu'il voyait alors en songe se réalisait ponctuellement en veille « *selon une clarté semblable à celle du jour* ».

L'historien Ibn Sa'd date du 27 du mois de Ramadan – associé à un jeûne qui existait déjà dans l'Arabie anté-islamique – soit à peu près au mois de février 610 de l'ère chrétienne, la nuit où Muhammad eut la visite d'un mystérieux visiteur céleste. Cette nuit est aujourd'hui commémorée par les musulmans comme la « *Nuit du Destin* ».

Les traditions de cette époque mentionnaient aussi une nuit de Ramadan propice aux phénomènes surnaturels, la « *Nuit du Qadr* ». On a là un exemple de nombreux « emprunts » que l'Islam a fait siens. Il revient, certes, à l'Islam d'avoir unifié ces emprunts, mais lui revient-il le droit de se les approprier, alors qu'il ne les a pas inventés ?

LA DÉLICATESSE DU SEIGNEUR

Depuis les temps les plus reculés, le monde invisible a suscité chez l'homme une attirance mêlée de crainte. Attirance, car on espère des esprits, ou de l'Esprit, une protection contre la précarité de l'existence ou, tout au moins, un éclairage sur sa destinée. Crainte, car l'irrationnel, qui ne nous est pas familier, fait émerger un vieux fond de culpabilité. Cette crainte est dictée aussi par l'expérience de la vie, qui nous fait rudement éprouver que le monde des anges et des esprits n'est pas peuplé que de bonnes âmes !

Notre Créateur connaît les limites de notre condition humaine. Aussi, dans l'histoire bien particulière du peuple qu'Il s'est choisi pour se faire connaître aux hommes, on peut remarquer une constante.

Chaque fois que Dieu use de sa liberté pour s'adresser à

certains hommes, soit directement, soit par l'intermédiaire de messagers, Il prend soin, en premier lieu, de rassurer celui, celle ou ceux à qui Il s'adresse. Cette attitude de mise en confiance traverse les siècles. Grâce à une analyse informatique, un chercheur moderne a pu relever exactement 366 fois dans la Bible l'expression « **Ne crains pas** », ou une expression similaire.

Donnons quelques exemples de cette sollicitude divine.

Quand le Seigneur Yahwé s'adresse à Jérémie pour lui signifier d'être son prophète, celui-ci se récuse en prétendant n'être qu'un enfant, peu doué pour la parole. Yahwé lui dit alors : « **N'aie peur de personne : je suis avec toi pour te délivrer** ». (JEREMIE I-8).

L'Ange Gabriel, celui qui apparaît à Marie pour lui annoncer sa mission, celui aussi que les musulmans perçoivent comme l'inspirateur de Muhammad, commence par saluer Marie. Devant son bouleversement, il dit : « **Sois sans crainte, Marie, car tu as trouvé grâce auprès de Dieu** ». (LUC I-30).

La nuit de la naissance de Jésus, les premiers à être mis dans la confidence sont les bergers qui gardent leurs troupeaux dans les environs. Pour calmer leur frayeur, un ange leur dit : « **Soyez sans crainte, car voici, je viens vous annoncer une grande nouvelle, qui sera une grande joie pour tout le peuple** ». (LUC II-10).

Ce même Jésus aura, à maintes reprises, l'occasion de mettre en confiance ceux qui le suivent. Aux premières femmes qui viennent de grand matin embaumer le crucifié et qui sont étonnées de trouver la pierre tombale roulée, Jésus fait dire par un ange : « **Ne vous effrayez pas** ». (MARC XVI-6).

Plus près de nous, lorsque Marie apparaît à deux enfants sur une montagne des Alpes, en 1846, près du hameau de La Salette-Fallavaux, ses premiers mots sont : « *Avancez mes enfants, n'ayez pas peur* ».

Or, que se passe-t-il dans le cas de Muhammad, en cette

fameuse « *Nuit du Destin* »? Certains chroniqueurs rapportent qu'un être mystérieux, tenant à la main un rouleau d'étoffe couvert de signes, interpella d'abord Muhammad pendant qu'il dormait. Certains rapportent aussi que les premières paroles de ce visiteur furent pour inviter Muhammad à faire ses ablutions, pour se mettre en état de recevoir un message. Il n'y a pas unanimité en la matière. Le plus substantiel est le dialogue qui s'instaura alors. Rapporté par Muhammad lui-même, son dernier relais est ici Mohammad Abd-Allah-Drâz, ex-professeur à l'Université d'El-Azhar :

« Lis! » lui dit l'ange. – « Je ne suis pas de ceux qui savent lire » répond Muhammad, étonné. « Lis! » répète Gabriel en exerçant sur son interlocuteur une étreinte à peine supportable. – « Que dois-je lire? » reprend ce dernier. Le même ordre de lire se trouve réitéré avec une pression encore plus violente, comme pour éveiller à l'extrême son attention et inculquer dans son âme tout le sérieux de la charge surhumaine qui lui sera imposée. Mais « Comment lire (ou réciter)? » réplique notre solitaire épouvanté. Alors l'ange récite devant lui :

Lis, au nom de ton Seigneur qui a créé,
Qui a créé l'homme d'un caillot de sang;
Lis, et ton Seigneur est le plus généreux;
C'est lui qui a enseigné par la plume
Qui a enseigné à l'homme ce que l'homme
ne savait point.

(CORAN 96, 1 à 5)

Ces paroles étant fixées indélébilement dans sa mémoire, Muhammad se les répète à lui-même, et l'ange disparaît. Mais, à peine sorti de la grotte pour se rendre à sa demeure, Muhammad entend une voix l'interpellant. Il lève la tête, et voici l'ange emplissant l'horizon et lui déclarant : « *O Muhammad, en vérité, tu es l'apôtre de Dieu, et moi, je suis*

Gabriel ». Inutile de détourner ses regards, d'avancer ou de reculer : il ne peut fixer une région du ciel sans l'apercevoir pendant un certain temps ; puis il ne voit plus rien.

Retenons seulement les manières abruptes du mystérieux visiteur.

LE TROUBLE INITIAL DE MUHAMMAD

Que cette « visite » ne soit pas sans influence sur Muhammad, on le comprend aisément ! Simplement, c'est à partir de ce moment que son être profond est entamé et qu'apparaissent les signes pathologiques qui font l'objet de ce chapitre.

Au matin, lorsqu'il revient en ville, ses concitoyens sont étonnés de le voir dans cet état. En effet, cet homme sain, dans la force de l'âge, mûri par les épreuves de la vie et qui fait habituellement preuve de modération et de sérénité, ressemble à un être sans personnalité. On le voit avancer en titubant. On le sent au bord de l'apoplexie. On le devine apeuré et tout tremblant comme s'il avait été témoin d'une chose atroce.

Pour plus de précisions, rendons la parole à Abd-Allah-Drâz.

« Le bouleversement qu'éprouva Muhammad de ce double phénomène, auditif et visuel, inouï, a dû probablement susciter un instant chez lui quelque doute sur l'identité de la voix révélatrice, une certaine crainte d'être victime d'une hallucination diabolique, lui qui n'avait rien détesté autant que les procédés des sorciers et des devins, et qui aurait redouté d'être devenu l'un d'eux. Il n'en est pas moins vraisemblable que les souffrances corporelles dues à cette rencontre ressemblèrent à ses yeux aux douleurs d'une agonie et qu'il crut en être mort ».

Un détail historique a son importance : Muhammad retrouvera cette atroce souffrance au moment de son agonie à Médine, en 632. Il attribua cette souffrance à un poison donné par une juive de Khaibar, Zaïnah, quatre ans auparavant !

C'est à ce moment, le lendemain de l'apparition, qu'il faut situer l'épisode de la couverture. Cet épisode se renouvellera sous une forme un peu différente tout au long de la révélation coranique, au point que deux sourates du Coran en portent trace : « En couverture » et « Dans les draps ». Il est indirectement lié à un signe pathologique auquel nous consacrerons une brève analyse parmi les cinq prévues. Laissons Abd-Allah-Drâz nous raconter cet épisode.

« *Avec ce complexe de trouble moral et physique, il retourna directement chez lui, et, agité d'une sorte de fièvre froide, demanda qu'on l'enveloppât de bonnes couvertures, jusqu'à ce que son effroi fût dissipé* ».

Nous sommes toujours dans les heures qui suivent l'apparition. Muhammad se confie alors à sa chère épouse Khadîdja, lui exprime ses craintes et sa perplexité. Celle-ci le rassure de son mieux en lui faisant ressortir que Dieu ne peut infliger du mal à un homme si bon et dévoué. Toutefois, sa prudence la pousse à aller consulter quelque autorité compétente en matière de phénomènes surnaturels. Avec Muhammad, elle se rend alors chez un cousin, Waraqua Ibn Naoufal. C'est un vieillard converti au christianisme, alors aveugle, mais qui fut autrefois versé dans l'hébreu et familier des livres saints. Au récit de Muhammad, sans trop s'attarder sur les nuances – capitales en ce domaine – le vieil ermite aperçoit une analogie entre ce qui arriva à Moïse et ce qui arrive alors à Muhammad. Il lui confirme son rôle « *d'Envoyé de Dieu à cette nation* » et lui prédit qu'il sera chassé de son pays par ses compatriotes. Le vieil homme espère seulement vivre encore assez longtemps pour aider Muhammad quand viendra le temps des persécutions.

Pour couronner cette journée – décidément riche en émotions ! – certains historiens arabes y placent une autre initiative de Khadîdja, vraisemblablement entre l'épisode de la couverture et la visite à Waraqua. Devant l'obsession de

Muhammad à pressentir, partout où il se trouve, la présence de l'ange, sa voix et la lumière qui l'environne, Khadîdja a l'idée de s'approcher de son mari, d'éveiller son désir, jusqu'à se dévêtir insensiblement et d'accomplir avec lui l'acte d'amour. Elle demande alors à Muhammad si l'ange persiste à être présent. Celui-ci répond que non. Elle en conclut alors que l'ange vient du bon côté du ciel, puisqu'il est pudique !

Cette conclusion est toute à l'honneur de Khadîdja, qui signifie par là qu'elle-même a de la pudeur. Mais on peut tirer de l'anecdote une conclusion toute opposée. Si l'ange est le Démon, ou l'un de ses envoyés, il est normal qu'il déteste l'amour et ses manifestations, dont il s'est exclu. Inversement, en quoi l'acte d'amour entre une femme et son époux déplairait-il à Dieu ? Tout au contraire, le plaisir amoureux est peut-être le plaisir même de notre Créateur, heureux de donner à sa créature ce reflet de la Joie Trinitaire. C'est quand il devient une idole, une source de puissance à notre profit, que les choses se gâtent.

Ce fut une rude journée pour Muhammad ! Retenons seulement l'extrême souffrance et les doutes qui assaillent un homme bon et scrupuleux.

Bien des mystiques se sont torturés à chercher si c'était Dieu ou le Diable qui leur parlait. Ainsi Thérèse d'Avila écrit, dans « *Le château intérieur* » :

« *Les mots, leur portée et l'assurance qu'ils apportent avec eux persuadaient l'âme dans l'instant qu'ils venaient de Dieu. Ce temps est maintenant passé. Un doute s'éveille pourtant, à se demander si les phrases viennent du Démon ou de l'imagination, bien qu'en les entendant, on n'éprouve aucun doute sur leur véracité, pour laquelle on voudrait mourir* ».

En réalité, il n'existe en la matière aucun critère objectif permettant de discerner le faux du vrai. C'est peut-être la raison qui a amené le Christ à énoncer cette formule lapidaire qui nous est rapportée dans l'Evangile de Matthieu, en VII, 20 : « **On reconnaît l'arbre à ses fruits** ». C'est aussi la raison pour laquelle l'Eglise se montre si prudente dans les cas d'apparitions. Un des critères de vérité est alors de chercher si un climat de paix et de liberté a pu s'instaurer dans le sillage du phénomène surnaturel.

Muhammad n'échappe pas à ce doute, pendant les deux ou trois ans qui précèdent le début de sa prédication, période pendant laquelle son « visiteur céleste » observe une retenue quasi totale. Cette période est appelée « *fatrah* » ou trou.

La révélation s'était interrompue et Muhammad passait par les affres de la nuit la plus obscure. Il se remit à errer sur les collines, se fuyant lui-même, se retrouvant par l'imagination sur les lieux mêmes où elle s'était produite. Il alla même jusqu'à penser au suicide. Toujours, il fut apaisé et consolé par Khadîdja, la première à croire en sa mission, la première des musulmanes.

En termes de pathologie, terrain sur lequel nous mettons l'accent dans ce chapitre, nous sommes en quelque sorte à mi-chemin de la somatisation. L'homme est déjà soumis à une pression, mais les troubles qui en résultent sont encore du domaine psychologique. Ces troubles sont conséquents puisque l'homme songe à se détruire. Il en est empêché, selon les dires des biographes arabes, par la voix de l'ange qui sort alors de son mutisme pour lui redire la phrase leit-motiv : « *O Muhammad, tu es l'apôtre de Dieu et moi je suis Gabriel* ». Ces mots le tranquillisent un peu, mais la révélation substantielle se fait toujours attendre. Deux courtes révélations veulent alors le rassurer sur sa seconde crainte, celle d'être indigne de la sollicitude divine. On trouve en effet, au verset 3 de la sourate 93 : « Le lever du jour », les mots suivants : « **Ton Seigneur ne t'a pas abandonné** », puis plus loin, au verset 5 : « **Il va t'accorder et tu seras content** », tandis que le verset 2 de la sourate 68 : « Le calame » se veut rassurant : « **Tu n'es pas fou** ».

On peut interpréter de différentes manières le silence de celui qui inspira Muhammad. Ne négligeons pas la plus simple, même si elle n'est que possible. L'homme était appâté. Il ne fallait pas réveiller ses défenses naturelles, déjà vives. Celui qui l'avait ferré pressentait tenir un gros poisson, susceptible, peut-être, de semer l'équivoque et la confusion dans les âmes pour longtemps. Pourquoi gâcher une telle chance par de l'impatience ?

La situation se débloque enfin à l'initiative de l'ange qui le rejoint chez lui-même et lui porte le décret par lequel il l'investit de sa seconde attribution, celle non seulement de recevoir un message divin, mais de le transmettre aux autres. Elle fait l'objet de la sourate 74 : « En couverture ». Une autre révélation lui ordonne d'avertir ses proches parents, celle rapportée dans la sourate 26 : « Les poètes ». Enfin, la sourate 15 : « Al-Hijr » invite Muhammad à la confiance absolue : « **Nous te suffisons vis à vis de ceux qui se moquent** ».

A compter de cet instant, le prophète de l'Islam recevra ses révélations, non pas régulièrement ni même fréquemment, mais avec une certaine continuité et sans subir d'aussi longues ruptures. Il est devenu musulman, c'est-à-dire soumis, selon le mot même du verset 2 de la sourate 15. La prédication pouvait commencer.

Soumis, mais à qui ?

Je découvrais cette longue période de doute et d'hésitation de Muhammad dans les années 1992, au hasard d'un livre posé sur une étagère, et qui n'intéressait plus personne. Je rentrais alors d'un voyage dans mon pays natal, la Tunisie, où j'avais pu mesurer la gentillesse d'un peuple, l'authentique spiritualité qu'il avait pu développer en mariant l'Histoire à la tradition. Je m'interrogeais. Avant même d'avoir une réflexion consciente, je sentis alors confusément que là, en cette période de conflit intérieur chez celui qui n'était pas encore le prophète de l'Islam, se situait quelque chose d'important. Quelque chose susceptible de déverrouiller l'avenir, non pas en surface mais en profondeur.

LES PHÉNOMÈNES QUI ACCOMPAGNAIENT LES RÉVÉLATIONS

La « descente » du Coran chez Muhammad dura tout le temps de sa prédication, de l'an 612 environ à l'an 632. Il en recevait les fragments dans des états seconds qui submergeaient sa personnalité consciente, même quand ils répondaient à ses préoccupations. Les révélations étaient attendues par le prophète pour résoudre des difficultés, donner à sa communauté des directives, poser des règles. Elles devinrent moins abruptes au fur et à mesure qu'il vieillit et s'habitua à son rôle de transmetteur. Le contact, en quelque sorte, était établi et coupé plus facilement.

Les phénomènes pathologiques qui, chez Muhammad, accompagnaient la descente des « *aya* » – ou versets du Coran – étaient impressionnants. Ce n'est pas tant cela qui éveilla mon esprit critique, car ces choses extraordinaires sont connues chez les grands mystiques. C'est plutôt la teneur de ces phénomènes pathologiques qui me parut suspecte. En une matière si délicate, tout est dans la nuance. Sans être un spécialiste des phénomènes para-normaux, le bon sens m'incline à retenir naïvement deux aspects pour accorder une tonalité positive ou négative à ce qui advient.

Il y a l'aspect symbolique. Ainsi, on peut voir dans la lévitation la prééminence des forces de l'esprit sur celles de la pesanteur qui nous « tirent vers le bas ».

Un autre aspect du discernement réside dans la souffrance ou la laideur momentanée dont pâtit le sujet du phénomène.

Certes, nombreux sont ceux qui, dans l'histoire de l'Eglise, souffrirent consciemment les affres de la passion du Christ.

Mais c'était là un choix de leur part. Si ce n'était dans un jeûne prolongé ou dans le phénomène des stigmates, le paranormal n'abondait pas.

Que ce soit dans les traditions de l'humanité, que ce soit dans la Bible, le contact avec le divin n'apparaît pas, en général, associé à des souffrances particulières. Or, dans le cas qui nous intéresse, il semble que Muhammad ait souffert. Essayons de distinguer ces phénomènes en réservant une attention particulière à celui que l'on peut le mieux caractériser, celui du poids.

Il y a d'abord, mais pas toujours, celui que le prophète considérait comme le plus difficile à supporter, l'assourdissement, comparable à celui provoqué par une cloche battante. Le compilateur musulman Ibn Hanbal rapporte les propos de Muhammad :

« J'entends les sons d'une cloche battante, alors je me tais. A quelque occasion que m'arrive la révélation, il n'y en a pas une où je ne pense que mon âme va me quitter ».

Ce bruit de cloches est peut-être à mettre en relation avec l'étrange son que perçoivent parfois ceux qui l'entourent. Voici ce que rapportent Ibn Hanbal et Abou Nu'aim :

« Quand la révélation lui venait, nous entendions près de lui un étrange son, comme le bourdonnement des abeilles »

Il y a la soudaine immobilité. Voici ce qu'en dit Ibn Sa'd :

« Quand la révélation lui venait, il restait assommé un moment comme s'il était intoxiqué ou hypnotisé ».

Il y a aussi la raideur. Laissons parler Al-Bukhari qui rapporte les propos d'un autre compagnon de Muhammad :

« Le prophète éprouvait une dureté, lors de la révélation, et il remuait les lèvres ».

Cette raideur est peut-être à mettre en relation avec une certaine impatience, une certaine difficulté chez Muhammad, pour passer de l'intuition intellectuelle perçue au discours intelligible. Au point que l'inspirateur recommande au prophète de ne pas s'énerver, de ne pas « **agiter la langue pour hâter l'expression** » (CORAN 75, 16).

Cependant, mis à part celui qui sera décrit plus loin, le plus impressionnant des phénomènes accompagnateurs semble être celui que l'on résume peut-être un peu vite sous le nom de crise d'épilepsie. Cet ensemble de phénomènes semble réactualiser l'épisode premier de la couverture, fait de transpiration, de rougeurs, de transes, au point que l'homme éprouvait le besoin de se cacher, ou que son entourage même lui couvrait respectueusement le visage d'une pièce de tissu. Rendons la parole à Al-Bukhari :

« *Si la révélation lui venait même un jour de très grand froid, on le voyait ensuite transpirer du front abondamment* ».

Ou encore :

« *Un jour que la révélation était en train d'arriver, il rentra sa tête (dans son manteau ?) et voilà que le visage du prophète était devenu rouge et il ronflait. Puis cet état s'en alla* ».

Un homme avait demandé à un compagnon du prophète, Omar, de lui faire voir Muhammad au moment d'une révélation. L'occasion de satisfaire sa demande se présenta sur la route de La Mecque, alors que quelqu'un venait de poser une question sur le pèlerinage. Muhammad restait silencieux. Une révélation lui vint alors, sans doute pour éclairer sa réponse. Omar souleva alors le voile et fit voir à l'homme le prophète en transes. Il avait la face rouge, respirait bruyamment, « *geignant comme un veau* » selon les paroles même du chroniqueur arabe. Puis il tomba dans une torpeur d'où il sortit pour dire : « *Où est l'homme qui m'a interrogé ?* »

Une des premières sourates que Muhammad reçut pour l'inviter à l'apostolat, la sourate 73 dite : « Dans les draps », contient un verset mystérieux : « **Oui, Nous allons lancer sur toi une parole lourde** ». Ce verset 5 a trouvé une étonnante réalité matérielle dans le phénomène peut-être le plus spectaculaire parmi ceux qui accompagnèrent les révélations, celui du poids intense. Il arrivait que Muhammad pesât si lourd que la chamelle qui le portait n'en pouvait plus. Laissons la parole au rapporteur Ibn Sa'd, par l'intermédiaire de Mohammed Hamidullah :

« J'ai vu la révélation lui venir alors qu'il était sur sa chamelle et celle-ci mugissait et se tordait les jambes de telle sorte que je craignais qu'elles ne se rompent. Parfois, elle s'asseyait, et parfois elle restait debout, les jambes fichées comme des pieux, jusqu'à cessation de cet état, et cela à cause du poids de la révélation. Et alors la transpiration lui traînait en perles ».

Après le sermon solennel du pèlerinage d'adieu que Muhammad prononça près de La Mecque, en 632, un verset du Coran, le dernier, descend et fait ployer les genoux de la chamelle sur laquelle il est monté. Son secrétaire particulier, Zaïd Ibn Thâbit, fera la douloureuse expérience de ce poids.

Quand est révélé le verset 4 de la sourate 97 : « La détermination » contre ceux qui négligent alors la guerre sainte, le prophète fait mander ce secrétaire. L'affluence était grande et tout le monde était assis par terre. Un aveugle se présente alors et se plaint d'être blâmé à tort de ne pouvoir participer. Une « *aya* » descendit alors sur Muhammad précisant qu'exception était faite pour les infirmes. Rapporté par Al-Bukhari, voici ce qu'en dit Zaïd :

« Son genou se trouvait sur ma cuisse et pesait si lourd que je craignais que mon fémur ne se rompît ».

Dans une autre version, il est ajouté :

« S'il ne s'était agi du prophète de Dieu, j'aurais poussé un cri et retiré ma jambe ».

Un aspect des révélations n'est pas du même ordre que les précédents, car il ne concerne pas directement Muhammad. Il convient pourtant de le signaler.

L'ange qui inspirait le prophète ne lui apparaissait pas toujours sous la même forme. Muhammad le voyait, tantôt comme un être suspendu dans l'air, tantôt comme un être ailé, tantôt encore sous la forme d'un homme. Voici, à ce sujet, un hadith rapporté par le compilateur Ibn Hanbal et numéroté 1, 53.

« *Un jour, en présence de tout un groupe de gens, un homme inconnu se rendit devant Muhammad et lui posa quelques questions, après quoi il s'en alla, sans laisser de traces. Plusieurs jours après, le prophète fit remarquer à ses compagnons : "Je suis persuadé que l'homme, qui me posa l'autre jour des questions, n'était autre que Gabriel, venu pour vous enseigner votre religion ; je n'avais jamais autant tardé à le reconnaître". Ce fut ainsi, parce qu'il était venu pour examiner le prophète et non pour lui communiquer quelque message divin* ».

Cette même présence de « Gabriel » venu interroger Muhammad est aussi rapportée par un hadith d'Omar. L'homme portait alors « *des habits d'une vive blancheur et des cheveux d'un noir intense* ».

Après avoir eu connaissance de ces faits, surtout des deux derniers mentionnés, je me promis de consulter quelques hommes d'expérience et de tradition susceptibles d'apporter un éclairage plus objectif. Je n'ai pu faire cette enquête que quelques années plus tard, c'est-à-dire aujourd'hui, en écrivant ce livre. Elle ne fut pas décisive. Le lecteur trouvera néanmoins cette enquête en annexe.

La découverte de cet ensemble de circonstances qui entourèrent la révélation coranique suscita chez moi une interrogation : ces signes ne témoignent-ils pas d'un conflit inconscient, d'une conscience forcée, avec laquelle son inspirateur a dû composer ? Ces circonstances particulières commençaient à évoquer en moi la possibilité d'une force occulte dont Muhammad aurait été l'otage et dont il aurait ignoré la nature réelle.

Il m'apparaissait que, s'il y avait eu tromperie, cette tromperie avait eu besoin de la part de vérité d'un homme pour se propager.

Car le mensonge peut-il apparaître seul, au grand jour ?

CHAPITRE VI

LE VOYAGE NOCTURNE

La découverte des circonstances qui accompagnèrent, chez Muhammad, la descente du Coran, me donna aussi le goût de mieux connaître la genèse de l'Islam et ses textes fondateurs.

Mais par où commencer?

Les hadiths, rapportant les paroles ou commentaires du prophète que celui-ci, d'ailleurs, prenait soin de distinguer de la « parole divine », sont innombrables. Ces hadiths constituent ce qu'on appelle la Sunna, bien que ces mots aient un sens un peu différent. Hadith signifie « la parole » tandis que Sunna signifie « la conduite » ou « le comportement ». De plus, ces hadiths sont sujets à controverses. Il y a les traditions « vraies » : *sahih*, les « belles » traditions : *hasan*, dont la fiabilité n'est pas totale et, enfin, les traductions « faibles » : *da'if*, qui soulèvent des doutes sérieux.

Je choisis de commencer mon étude par la somme de hadiths qui raconte l'ascension nocturne de Muhammad au ciel. J'étais encouragé dans ce choix parce que ce récit a donné lieu à une très bonne traduction française, ensuite parce que le sujet semblait poétique et moins ardu que d'autres. Je fus trompé dans mon attente! La lecture du

« *Livre de L'Echelle de Mahomet* » requiert un effort intellectuel au moins aussi rude que la lecture du Coran, et il n'est pas facile, pour quiconque me semble-t-il, d'aller jusqu'au bout.

Seul le premier verset de la sourate 17 du Coran évoque, de façon explicite mais allusive, ce voyage nocturne. C'est d'ailleurs là le nom de cette sourate.

Au nom de Dieu le Très Miséricordieux, le Tout Miséricordieux.

Pureté à Celui qui, une nuit, fit voyager Son esclave, de la Sainte Mosquée à la très lointaine Mosquée dont Nous avons béni l'alentour, afin de lui faire voir certains de Nos signes ! – C'est Lui, vraiment, qui entend, qui observe.

Certains exégètes musulmans reconnaissent aussi une trace de l'entrevue entre Dieu et Muhammad dans les versets 9 à 18 de la sourate 53 : « L'étoile ».

Muhammad fut donc à deux portées d'arc, ou plus près encore. Dieu révéla donc vers Son esclave ce qu'Il révéla. Le coeur n'a pas menti ce qu'il a vu. Est-ce vous qui allez creuser pour lui ce qu'il voyait ? Et très certainement, il L'a vu en une autre occasion. Près du Jujubier de l'Extrémité. Près de là est le Paradis de Refuge : d'al-Ma'wâ : l'un des Paradis au moment où le Jujubier était couvert…

Ces versets du Coran servent de point de départ à l'élaboration de légendes dont le succès – en dépit des réserves de beaucoup de théologiens musulmans – fut massif et durable.

Les principaux éléments du récit du voyage nocturne de Muhammad, écrit, semble-t-il, par l'intéressé lui-même, traversent vraisemblablement la Méditerranée en même temps que les conquérants musulmans.

Il est vain de chercher l'original arabe qui servit alors aux traductions successives, espagnole d'abord, latine ensuite et enfin française. Cette traduction ne fut sans doute pas réalisée d'après un texte arabe unique, mais à partir de plusieurs textes, compilés pour l'occasion. Les exégètes s'accordent aujourd'hui pour considérer la traduction latine du XIIIe siècle comme la plus proche de la traduction castillane et la plus fiable quant au sens. C'est dans cet esprit qu'a été réalisée récemment une réédition de ce récit qui, au Moyen Age, a tant contribué à la connaissance de la spiritualité musulmane en Occident. « *Le Livre de l'Echelle de Mahomet* », sur lequel je m'appuie, appartient ainsi à la littérature du « *Mi'raj* », ensemble de récits en arabe relatant l'ascension jusqu'à Dieu du prophète Muhammad durant un voyage nocturne. Il puise à la source du hadith.

AUTOUR DU VOYAGE NOCTURNE

Le rappel des circonstances qui entourèrent alors l'événement nous éclaire sur le contexte historique. Mais il confirme aussi les intuitions qui fondent cet essai : la bonté naturelle de Muhammad, la dureté de coeur de son interlocuteur céleste et l'influence quasi totale que celui-ci avait prise sur le prophète.

L'événement eut lieu à une époque particulièrement difficile pour lui.

Nous sommes vraisemblablement pendant l'été de l'an 613, la période du petit pèlerinage qui a lieu dans la ville, « *l'umrah* ». Muhammad a commencé sa prédication à La Mecque, mais celle-ci est très mal reçue. Son épouse chérie Khadidja vient de mourir dans le « *chi'b* », « la fente du rocher », sorte de ghetto hors-les-murs où les Mekkois ont expulsé les musulmans. Voilà que deux jours plus tard, meurt l'oncle de Muhammad, Abou-Tâlib.

Cet homme fut plein d'abnégation. Bien que sa prudence l'ait toujours dissuadé d'adhérer à la nouvelle religion, il a protégé son neveu. Pour lui, il endura des persécutions et finalement la mort. Muhammad est très affecté par cette disparition, et il prie intensément. Cette prière indispose au plus haut point son inspirateur céleste, qui éprouve alors le besoin de contrecarrer l'affection naturelle du prophète. Les versets 113 et 114 de la sourate 9 : « Le désaveu » portent trace de cette intervention.

Qu'ont-ils, le Prophète et les croyants, à demander pardon en faveur des faiseurs de dieux, quand même ce serait des gens de la parenté, après qu'il leur a été manifeste que ces gens étaient vraiment compagnons de l'Enfer-Jahim ?

Ce n'est qu'à cause d'une promesse qu'il lui avait promise, qu'Abraham demanda pardon en faveur de son père. Puis, lorsqu'il fut manifeste que celui-ci était un ennemi de Dieu, il le désavoua. Abraham était certes oui plein de sollicitude, patient.

Le clan dont fait partie Muhammad a choisi un nouveau chef, Abou-Lahab, le frère du défunt. C'est un ennemi acharné de la nouvelle religion mais pourtant, selon la loi du clan, il est décidé à protéger Muhammad. On a d'ailleurs permis à celui-ci de réintégrer la ville de La Mecque, et aujourd'hui on l'interroge dans une assemblée publique. Abou-Talib n'a pas voulu adhérer à l'Islam : « *Où est-il aujourd'hui ?* » demande Abou-Lahab à Muhammad. Devant tous, ce dernier déclare qu'il est en enfer, avec les autres idolâtres. « *Et il n'est pas le seul* », poursuit Muhammad. Cette rupture publique avec les ancêtres, dont certains ont fondé La Mecque, entraîne l'exclusion du clan pour Muhammad. En ce pays et à cette époque, où un homme seul n'a pas d'identité, cette mesure est particulièrement grave.

N'était-il pas nécessaire que celui qui avait mis Muhammad en une situation si critique, l'ange qui l'inspirait, se rattrapât et « mit le paquet », en quelque sorte, pour garder l'initiative auprès de son protégé ?

De façon plus circonstanciée, le « voyage » est arrivé pendant que Muhammad dormait près de sa nouvelle épouse Ohmeni, mais dans un lit distinct, dans une maison située au voisinage immédiat du sanctuaire de la Kaâba.

PENDANT LE VOYAGE NOCTURNE

En quoi a consisté le « voyage » lui-même ?

Il convient d'abord de préciser que les théologiens musulmans ne s'accordent pas tous sur la « matérialité » de ce voyage nocturne. Certains, comme Mohammed Hamidullah, parlent de vision, de « voyage spirituel », d'autres encore parlent d'expérience double, d'abord rêvée, puis vécue.

Le voyage a commencé par une effraction. « *Il se fit une brèche dans le toit de ma maison* » nous disent les compilateurs Al-Bukhari, Ibn Hicham et Muslim, rapportant les paroles de Muhammad. Après avoir fendu et lavé la poitrine du prophète, l'avoir doté d'une aiguière d'or, l'ange prit Muhammad par la main et le fit monter sur Buraq, un cheval ailé. Le voyage pouvait commencer. Ce « voyage » lui-même se compose de deux parties : « *l'isrâ* », ou voyage terrestre, et le « *mi'râj* », ou voyage céleste.

Le voyage terrestre commence par une première halte à Hébron, localité où se trouve le tombeau d'Abraham. Muhammad s'y arrête pour prier. La deuxième halte est Bethléem, village où le Christ naquit. Muhammad s'y arrête, prie. La troisième halte, c'est Jérusalem, où se situe la « *masdjid aqsa* », ou la Mosquée lointaine, par opposition à La Mecque, où se situe la Sainte Mosquée.

Avant de quitter la terre, Muhammad laisse l'empreinte de son pied sur la pierre de « *Qubbat as Sakhra* », la coupole du Rocher à Jérusalem, comme Abraham avait laissé l'empreinte de son pied sur le « *maqâm Ibrahim* » à La Mecque.

Le voyage céleste commence par une première étape qui va de Jérusalem jusqu'à la coupole du ciel, « le ciel de la lune », le plus bas des huit cieux visités. Cette partie du voyage se fait toujours sur le dos de Buraq. On peut imaginer que l'écrivain italien Dante Alighieri a été influencé par ce récit, quand il écrivit « *La Divine Comédie* » où figurent sept cieux, emboîtés à la manière de sept sphères. On peut aussi remarquer que les anges furent répertoriés en sept catégories par certains théologiens des premiers âges de l'Église, avant que ne s'ajoutent deux nouvelles catégories issues de l'Ancienne Alliance : les séraphins et les chérubins.

Dans le premier ciel Muhammad rencontre Jean-Baptiste et Jésus. Dans le second, il rencontre Joseph, non pas le père spirituel de Jésus, mais le fils de Jacob. Dans le troisième, il rencontre les deux prophètes bibliques qui furent enlevés au ciel sans passer par la mort, Enoch, appelé « *Idrïs* » dans la tradition musulmane et Elie. Le quatrième ciel est habité par Aaron. Le cinquième voit Muhammad en présence de Moïse. Le sixième nous fait apercevoir Abraham appuyé – comme un berger – contre le mur de la maison des anges. Cette maison est construite exactement sur le même plan que le sanctuaire de la Kaâba. Dans le septième ciel, Muhammad rencontre Adam, le premier homme. Puis vient, au huitième ciel, la fleur de ce voyage nocturne, la rencontre avec Dieu. Il semble qu'il n'y ait eu qu'une rencontre avec Dieu, bien que les hadiths compilés dans « *Le Livre de L'Echelle* » en mentionnent deux.

Dans le premier récit, le prophète est si près de Dieu que, de l'endroit où il se trouve, il entend le grincement de la plume avec laquelle Dieu écrit, sur la table intangible, les lois et les ordres qui régissent la marche de l'Univers.

Dans le second récit, le prophète atteint d'abord le « *Sidrat-al-Muntaha* », ou le Jujubier de la limite, évoqué dans la sourate 53 déjà citée. Puis l'ange et le gardien du paradis, Ridohan, s'effacent pour laisser Muhammad soulever seul les tentures qui le séparent de Dieu. Celui-ci confie alors solennellement le Livre à Muhammad. Une ultime approche laisse percer cette part de vérité irréductible qui constitue, chez Muhammad, le point central de l'intuition développée dans cet ouvrage :

« *Alors Dieu priva mes yeux de la vue et, à la place, la donna à mon coeur, si bien que je le vis avec mon coeur et non pas avec mes yeux* ».

Muhammad ne pourra s'approcher mieux que de « *deux portées d'arbalète* », ce qui n'empêche pas le Créateur de poser sa main sur la tête du prophète, qui « *ressent alors dans son coeur le froid de la main* ».

La rencontre est terminée. Le récit retentit alors de longues descriptions fantastiques, celle du paradis d'abord, celle de l'enfer, ensuite, constitué de sept terres. L'analogie avec les récits apocalyptiques chrétiens, en particulier les récits apocryphes, est frappante, bien que les endroits décrits soient plus luxuriants ou plus horribles. Avant de redescendre sur terre avec son ange, Muhammad est nanti du commandement de la prière des musulmans. Grâce à une négociation opiniâtre avec Dieu, qui n'est pas sans rappeler celle que mena Abraham à propos des Justes de Sodome, Muhammad réussit à ramener de cinquante à cinq les prières quotidiennes obligatoires du musulman. C'est aussi de cette visite au ciel que Muhammad rapporte l'interdit du vin qui lui a été prescrit par Ridohan.

Accompagné par son ange, Muhammad redescend l'échelle par laquelle il était monté aux cieux jusqu'à la pierre du temple de Jérusalem. Là, il retrouve le fidèle Buraq qui le reconduira à La Mecque, jusqu'au seuil de sa chambre conjugale. Il confie alors sa joie à son épouse. Emue par la fatigue du voyageur, celle-ci le convie à venir partager son lit !

Dans les jours qui suivent, le prophète endure les moqueries des Mekkois qui ne croient rien de ce qu'il raconte. Une personne y croit, pourtant, un compagnon de la première heure, Abou-Bakr. C'est lui et son compagnon Ibn Abbas qui authentifièrent le récit parvenu jusqu'à nous sous la forme du « Livre de L'Echelle de Mahomet », récit qui s'appelle, en arabe, « *Al-ma'ârij* ».

IMPRESSIONS

Ce résumé du « voyage nocturne » de Muhammad ne donne qu'une faible idée de ce qu'il en raconta et qui fait l'objet du « *Livre de l'Echelle* ». L'exubérance du texte, le foisonnement d'un imaginaire fantastique évoquent l'univers de certaines B.D. d'aujourd'hui. Voici un très bref aperçu de l'accueil des deux visiteurs au premier des sept cieux.

« Quand nous fûmes entrés, tous les anges qui étaient là me saluèrent et me dirent de fort bonnes nouvelles dont je fus grandement réjoui. Pendant qu'ils me donnaient ces nouvelles, je regardai et vis qu'ils avaient des visages d'hommes et des corps de vaches ; ils avaient aussi des ailes comme les aigles ».

Ce débordement de fantastique, et le malaise qu'il suscita en moi, me détournèrent d'une analyse trop précise. La rude sélection qu'opère le temps m'a permis cependant de retenir et de dégager trois impressions, trois souvenirs, que je livre dans les trois rubriques suivantes.

Il est difficile, d'abord, de ne pas ressentir la démesure, démesure dans la grandeur, la multiplicité, la beauté, le luxe ou la laideur. Voici comment se poursuit le texte précédemment cité :

« Ces anges étaient soixante-dix mille. Chacun d'eux avait soixante-dix mille têtes, et chaque tête avait soixante-dix mille cornes, et chaque corne soixante-dix mille noeuds ; entre deux noeuds, il y avait l'espace que peut parcourir un homme en quarante ans. Sur ces anges, je vis aussi ceci : dans chaque tête il y avait soixante-dix mille visages, et chaque visage avait

soixante-dix mille bouches, et chaque bouche soixante-dix mille langues. Chaque langue savait parler soixante-dix mille langages et louait Dieu soixante-dix mille fois par jour ».

Cette démesure est là aussi dans les splendeurs qui attendent les justes au paradis et la profondeur de leur contentement. Un paradis tout empreint de sensualité, peuplé de milliers de vierges qui ont la faculté de redevenir intactes après l'amour. Les horreurs qui attendent les méchants et les impies en enfer ne le cèdent en rien, en intensité, aux délices promis aux élus.

Le fil directeur de cette « grandeur », différenciée selon les objets ou les émotions décrites, semble être la simple grandeur géométrique de la dimension, qui revient tout au long du récit et lui donne, en quelque sorte, son unité. Ainsi, à l'entrée du premier ciel, Muhammad vit venir à lui « *un ange si grand qu'il occupait en longueur et en largeur l'espace qu'un homme pourrait parcourir en mille ans* ».

Cette grandeur omniprésente dans les demeures célestes qui entourent celle de Dieu me semble réfléchir une déviance fondamentale sur la nature du divin, déviance insidieusement distillée par l'inspirateur de Muhammad. Le Dieu de celui qui se présente comme l'Ange Gabriel est exclusivement associé à la Toute-Puissance, au pouvoir.

C'est oublier, peut-être, que Dieu est aussi Toute-Faiblesse. Certes, ce mystère d'un Dieu Tout-Puissant qui, par amour pour nous, consent à la faiblesse est au coeur du mystère chrétien de l'Incarnation. Mais une âme naturellement tournée vers le bien, de quelque race ou religion qu'elle soit, pressent de façon instinctive que le mystère divin est là, présent, dans la fragilité de ce qui commence. Fragilité du nouveau-né, fragilité du bourgeon qui éclôt, riche de promesse au soleil du printemps, fragilité présente dans la confiance de cette jeune fille en celui qu'elle aime... Il n'est pas d'amour vrai sans dépendance.

Au plan du comportement collectif aussi, l'élimination de la marginalité, de la petitesse, et des égards qu'on leur doit, ne favorise pas la normalité à laquelle nous aspirons. La sagesse séculaire des traditions ressent confusément une relation entre la force et la faiblesse. Les plus hautes constructions intellectuelles, elles-mêmes, réfléchissent ce mystère de la grandeur inséparable de la petitesse. Que seraient les mathématiques sans le zéro ?

Si Dieu est amour, Il est aussi Toute-Faiblesse. L'histoire de la chrétienté montre, hélas, que nous l'avons souvent oublié.

D'ailleurs, si notre Créateur n'est que Toute-Puissance, ce qu'Il est aussi, le Mystère Trinitaire ne devient-il pas absurde ? Car alors, les luttes d'influence entre les Trois Personnes qui constituent l'Unique empêcheraient justement cette unicité de Dieu.

Le second souvenir retenu du récit du « voyage nocturne » de Muhammad est un détail. Je remarquai que chaque fois que Muhammad pénétrait dans un nouveau ciel, voire aux enfers, avec son ange, celui-ci était immanquablement interpellé par un habitant du lieu qui faisait office de gardien. La question qui était alors posée à « Gabriel » était toujours la même. Laissons parler Muhammad, par « *Le Livre de l'Echelle* ».

« *A ces mots, j'allai vers l'ange et le saluai, mais il ne me répondit pas. Gabriel lui dit : « Comment, vous ne répondez pas au meilleur des hommes qui ait jamais reçu mission ? » Alors l'ange l'interrogea en ces termes : « Qui est-ce donc ? » Et Gabriel répondit : « C'est Mahomet, le grand messager de Dieu. » Alors l'ange : « A-t-il déjà reçu sa mission ? » Et Gabriel dit : « Oui. »*

« *A-t-il déjà reçu sa mission ?* » La question revient comme un leit-motiv chaque fois que Muhammad pénètre dans un nouveau ciel. Visiblement, la confiance ne régnait pas. Je me suis fait alors naïvement la réflexion suivante. Si les anges qui peuplaient ces lieux étaient vraiment ceux qui entouraient et servaient Dieu, il ne leur aurait pas été nécessaire de poser de telles questions : Dieu les aurait mis dans la confidence.

Le troisième souvenir, enfin, retenu du récit du « voyage nocturne », m'a tout d'abord été suscité par une phrase du chapitre 75 du « *Livre de l'Echelle* » : « *Ce jour-là, la vieille terre se changea en nouvelle, le vieux ciel en nouveau.* »

Comment ne pas penser à cette évocation de l'apôtre Jean, souvent reprise dans la liturgie chrétienne : « **Puis je vis un ciel nouveau, et une terre nouvelle.** » (Apocalypse XXI, 1).

Cette phrase du « *Livre de l'Echelle* » s'insère dans le contexte eschatologique du récit. « L'Ange Gabriel » explique à Muhammad ce qui se passera le jour du jugement et il le renseigne sur la longueur de ce jour. La répétition de l'expression « ce jour-là » évoque le « *Dies Irae* » composé au XIIe siècle par Thomas de Celano : « *Ce jour sera un jour de colère, jour de brume et d'obscurité, jour de sonneries de trompette et de clameur, jour de deuil et de terreur, quand le feu des ténèbres s'abattra sur les injustes.* »

Toutefois, avant que ne s'écrive en arabe la description du dernier jour, avant que ne s'écrive en latin le « Dies Irae », le prophète Joël avait annoncé dans les mêmes termes l'imminence du jugement :

J'opérerai des prodiges dans les cieux et sur la terre : sang, feu et colonnes de fumée. Le soleil se changera en ténèbres, et la lune en sang, avant que vienne le jour de Yahweh, grand et terrible.

Par delà les trois ressemblances déjà citées, on peut aussi percevoir dans la description de la fin des temps, rapportée par Muhammad, une analogie avec le discours apocalyptique de Jésus lui-même. On y trouve en effet l'ébranlement des cieux, l'allusion aux femmes enceintes, la terrible peur qui s'emparera du grand nombre…

Mais revenons à la phrase initiale qui éveilla mon attention pour remarquer que l'analogie avec l'Apocalypse va un peu plus loin. Il est ajouté, en effet, à la phrase de l'Apocalypse précédemment citée : « *Car le premier ciel et la première terre avaient disparu, et la mer n'était plus.* » Tandis que « *Le Livre de l'Echelle* » poursuit sa phrase par : « *Tout cela paraîtra au Seigneur aussi petit qu'un navire isolé sur la mer.* »

Nous remarquons, dans les deux phrases, une allusion à la mer, mais avec un sens différent.

Ces analogies, tantôt précises, tantôt imprécises, s'agrégèrent alors en moi aux précédentes observées pour donner une curieuse impression, comme celle de quelqu'un qui aurait entendu une conversation à travers une porte, sans en saisir tous les mots. Pour la rapporter de manière cohérente, il la complète de son propre cru. Je ne savais alors à quoi rattacher ce simple sentiment. Il a fallu alors que je découvre un autre aspect de la théologie musulmane, celui que je décrirai au chapitre suivant, pour qu'une cohérence se fasse jour.

Mais déjà une opinion émergeait en moi. Ce n'était pas le Ciel que Muhammad avait visité mais, plus simplement, l'ange qui le guidait « lui avait fait visiter ses appartements ». En l'occurrence, le proverbe : « *C'est trop beau pour être vrai* » retrouvait toute sa vérité. Je comprenais la réserve des théologiens musulmans à l'égard des récits du « voyage nocturne ».

Et les milliers d'êtres célestes qui peuplaient les lieux visités par Muhammad et « Gabriel » étaient peut-être ceux-là mêmes qui intervinrent en d'autres occasions de la genèse de l'Islam pour changer le cours des événements. Comme ce fut le cas à la légendaire bataille de Badr où, à un contre trois, les musulmans écrasèrent les Mekkois menés par Abou-Jahl. Les historiens Aini et At-Tabarî rapportent, en effet, respectivement en (6,139) et en (8,144) les propos d'un combattant : « *Comme nous étions sur la colline, un nuage s'est approché de nous, et nous y avons entendu des hennissements de chevaux. Et j'entendis une voix qui criait : En avant! »*

L'épisode semble se renouveler à l'occasion de la première victoire de La Mecque musulmane à Hunaïn.

Le Ciel est plus simple que cela. Il est sans doute plus près de nous que nous ne l'imaginons. Le Paradis ne sera pas fait de grandeurs, de choses extraordinaires, mais, peut-être, des joies mêmes de cette vie terrestre, enfin débarrassée du mal et de la contradiction, en quelque sorte de la création transfigurée. Laissons le poète Jacques Prévert nous le suggérer, même si, lui aussi, semble victime d'un malentendu sur le divin :

« Notre Père qui êtes aux cieux, restez-y
Et nous, nous resterons sur la terre
Qui est quelquefois si jolie »

VERS UNE INTERPRÉTATION SYMBOLIQUE?

Que le Ciel visité par Muhammad soit un faux ciel ne peut épuiser la recherche d'un sens à donner à cet événement extraordinaire. Les puissances du mensonge ne peuvent déjà tout investir chez quelqu'un foncièrement mauvais, elles le peuvent encore moins chez quelqu'un droit et bon comme le fut, je crois, Muhammad. Dans le rêve en particulier, phénomène si mystérieux, le sens symbolique est toujours là, sous-jacent. Il s'agit de le déchiffrer.

Cet aspect symbolique du « voyage nocturne » a été fortement pressenti par les soufis, cette riche école musulmane qui ne s'est jamais résignée à un Dieu trop lointain. Cela lui valut d'avoir fort à faire avec l'orthodoxie musulmane au cours des siècles, et de le payer, parfois, du prix du sang. On connaît l'école des soufis par son activité ouverte et tolérante d'aujourd'hui, ou par la discipline des « derviches tourneurs », on sait moins qu'elle donna au monde un bel exemple de charité désintéressée en la personne du mystique persan Ibn Hallâj. Cet homme aura douloureusement cherché, sa vie entière, à se rapprocher d'un Dieu qu'il pressentait seulement Amour. Il mourut sur une croix en 922, selon les prescriptions réservées aux hérétiques par le verset 33 de la sourate 5 : « Le plateau servi ».

Toute interprétation symbolique, toutefois, nous plonge dans le domaine du subjectif. On a vite fait de s'enliser dans la spéculation gratuite, sans rapport avec le réel. Il est plus prudent de ne donner que des pistes de réflexions.

L'étagement des cieux, repris par Dante dans la « *Divine Comédie* », semble traduire une réalité spirituelle à laquelle nous nous heurtons déjà rudement en cette vie terrestre, à savoir que les niveaux de conscience spirituelle sont séparés et distincts. La prodigieuse symbolique religieuse générée par la science moderne, reflète cette réalité dans la théorie des quantas, et leurs niveaux d'énergie séparés.

La progression d'une âme vers le bien consiste à s'élever, au fil de son histoire, d'un niveau à un autre, jusqu'à trouver celui en lequel elle s'établira... pour un temps. Un peu comme les hameaux s'étagent le long des flancs d'une montagne. Chaque niveau a son langage, son code et, en quelque sorte, sa mémoire culturelle. Les malentendus et les conflits naissent, peut-être, de ce que notre concupiscence naturelle nous pousse à occuper les lieux sans en payer le prix. Nous sommes portés à confondre élévation spirituelle avec élévation matérielle ou intellectuelle!

Cette progression – infinie, peut-être – s'étage aussi à travers les générations, et à travers les peuples.

Ainsi le « voyage nocturne » de Muhammad annoncerait la transmigration d'une âme à travers le temps. Cette transmigration peut-elle être isolée de ceux que Muhammad a aimés, et qu'il a engagés, de toute l'intégrité de son être, dans la nouvelle religion ? Je ne le crois pas. Avant d'être le Dieu des trépassés, Dieu est d'abord le Dieu des vivants.

Une curieuse constatation qui a donné lieu ensuite à une enquête réalisée par des psychologues a été faite en Russie, aux environs des années 1980. Joseph Staline, qui fut le maître tout-puissant de ce pays, a été vu en rêves par des milliers de soviétiques, de toutes conditions, croyants ou incroyants. Ces rêves avaient un point commun : le « petit père des peuples » apparaissait sous les traits d'un ouvrier agricole, affecté aux tâches les plus ingrates d'un kolkhoze. L'homme était silencieux.

Une piste de recherche, actuelle mais difficile, serait intéressante : la place de Muhammad dans les rêves des musulmans aujourd'hui. En particulier, si ma direction de pensée est juste, à savoir que Muhammad a été trompé et que ses pensées sont différentes aujourd'hui de celles qui l'habitaient dans son prodigieux itinéraire terrestre, cette direction de pensée doit être confirmée par ce qui arrive aux musulmans eux-mêmes, en particulier par les rêves qui leur échoient. Dans le sommeil, en effet, l'homme est privé de ses défenses naturelles, et Dieu peut oser un message qui ne serait pas accepté en état de veille.

L'homme était, pour l'essentiel, bon et généreux, en tout cas meilleur qu'il n'apparaît dans ses actions guerrières ou ses prouesses amoureuses. Il a réalisé de tout son coeur ce qu'il croyait être le bien. N'existe-t-il pas, chez tout homme et toute femme épris d'absolu, un secret désir de redevenir celui ou celle qui fait confiance, comme l'enfant qu'il ou elle a été ? Muhammad a fait confiance.

Mais à qui ?

Sans en avoir de preuve, j'incline à croire qu'aujourd'hui, là où il demeure, Muhammad voit le Christ en sa vraie nature de Dieu. Mais il reste solidaire de son peuple, dont il a peut-être besoin pour s'élever.

Il faut être attentif aux petites choses qui adviennent au milieu des grandes. En voici deux que je tiens pour signifiantes. Au cours d'une interview télévisée qui eut lieu vers la fin de l'année 1992, Saddam Hussein a confié que Muhammad lui était apparu en rêve pour lui conseiller de rendre le Koweit. Ce qui s'ensuivit montre que l'intéressé n'a pas pris ce rêve au sérieux. Et pourtant…

Le président algérien Mohamed Boudiaf, homme intègre et courageux s'il en fut, a été assassiné alors qu'il prononçait un discours. Le dernier mot qu'il prononça, tandis qu'il s'écroulait sous les balles des tueurs, fut : « *Islam* ».

CHAPITRE VII

LES DJINNS

La connaissance du voyage nocturne de Muhammad était une approche très partielle de la genèse de cette religion. Ce chapitre sera consacré à la description sommaire de deux autres éléments des écritures fondamentales de l'Islam.

Mes conversations avec mes amis musulmans m'ont d'abord fait ressentir l'importance que pouvaient avoir dans leur univers mental les êtres extra-terrestres, comme les anges, les démons ou les djinns. Il me fallait tenter d'y voir clair. Ce sera l'objet du second paragraphe de ce chapitre, inspiré pour une large part d'un livre de Mohamed Boudjenou : « *Djinns et Démons, selon le Coran et la Sunna* ». Comme beaucoup de musulmans d'Afrique Noire, Mohamed Boudjenou a une approche raisonnable et ouverte des réalités invisibles, qui laisse toutes ses chances à la convergence de ce qu'il y a de meilleur dans toutes les traditions religieuses du monde.

Commençons par un premier paragraphe consacré à un fait religieux universel : la croyance aux esprits.

Dans ce chapitre et ceux qui suivent, nous utiliserons le terme « surnaturel » pour parler d'une intervention du monde invisible : anges, esprits, démons ou Dieu. Et cela indifféremment de l'influence bénéfique ou maléfique que cette intervention peut avoir sur l'homme. La rigueur théologique voudrait qu'on utilise plutôt des mots comme prétanaturel ou super-naturel, mais cela enlèverait à la simplicité.

LE MONDE DES ESPRITS

Les djinns existaient dans les croyances populaires de la péninsule arabe qui ont précédé l'Islam. Tout homme, au cours de sa vie, est accompagné par un esprit, un djinn, qui lui est dévolu personnellement et qui s'appelle « *Qarîn* ». Ainsi le poète reçoit son inspiration de son « *Qarîn* », poète lui aussi, que nous, nous appellerions sa muse, ce en quoi on aperçoit l'universalité du phénomène.

Car la croyance en des êtres surnaturels doués d'un certain pouvoir tutélaire, bon ou mauvais, est universelle. Le mot génie, très proche du mot djinn, bien qu'il tire son étymologie du latin genius, nous le rappelle indirectement. Evoquons pour mémoire les elfes et les trolls de la mythologie scandinave, les sylphes et les sylphydes des Gaulois et des Germains, la cohorte des esprits malfaisants des Celtes qui avaient noms korrigans, poulpiquets et nains noirs, les gnomes des cabalistes... N'oublions pas le plus légendaire des esprits, la fée, tantôt gracieuse, tantôt terrible comme Carabosse, mais encore, les farfadets, les nymphes, les satyres, les ondines, les lutins... Les esprits sont légions.

L'inculturation chrétienne a eu pour effet de clarifier le climat superstitieux qui entourait cette dimension métaphysique de l'agir humain, mais le terrain est fragile, et on assiste, semble-t-il, à un retour des esprits. Inhibé par une vision exclusivement scientifique et trop rationnelle de l'univers, le sentiment religieux, irréductible chez l'homme, engendre alors cette bascule à laquelle nous assistons aujourd'hui. Les esprits réapparaissent dans les éons du savant Jean Charon, dans l'organe de Wilheim Reich ou dans les poltergeists des occultistes. Moins élitistes sont les extra-terrestres et leur sympathique ambassadeur E.T. Toutefois, un phénomène qui nous atteint de plus en plus est celui du développement prodigieux des sciences divinatoires auquel nous assistons depuis trente ans. La chiromancie, la cartomancie, la nécromancie, et par dessus tout, l'astrologie, toutes techniques vivaces dans l'Antiquité, ont repris une étonnante vigueur.

Or, que se passe-t-il dans le cas de l'astrologie ? Il y a passage subtil et insensible de l'observation des signes du zodiaque, à la déduction de certaines inclinations de la personnalité, jusqu'à la « voyance » de l'avenir. Cette voyance s'accompagne souvent alors chez le voyant d'une capacité à communiquer avec l'au-delà par la médiation d'esprits. Laissons la parole à un voyant, par l'intermédiaire du n° 1 de la revue « Mutation » parue en juin 1994 : «… *Les techniques que j'utilise, comme le tarot ou la boule de cristal, ne servent pas seulement à prédire l'avenir. En fait, ces supports, et bien d'autres, sont des outils beaucoup plus puissants. Ils permettent d'entrer en contact avec des entités qui, même si elles m'apparaissent brièvement, me guident vers la bonne solution…* »

Les esprits sont là, parfois aussi, dans certaines communautés qualifiées de « sectes ». Nul besoin d'y participer, il suffit de feuilleter certaines revues à la mode pour s'en persuader. Voici un extrait de la revue « Horoscope » de juin 1994, qui, dans son numéro 531, donne la parole à un participant d'un stage de la mouvance du Nouvel-Age organisé sur « *le channeling* ».

« La musique revient, entêtante. Il est temps d'appeler les guides de lumière, ces entités de l'au-delà qui viendront nous inspirer, nous parler… Soudain, je perçois un visage féminin bleuté avec un beau front et de grands yeux sombres. Message télépathique : "Je suis Isis". La vision s'efface puis revient… »

Nous ne sommes pas loin, aujourd'hui, des pratiques des sorciers et des chamans qui avaient besoin d'une « fureur divine », d'une transe pour procéder à des divinations. Hors de l'emprise de cet esprit, appelé « *daïmon* » chez les Grecs, hors d'une possession dont les effets visibles étaient momentanés, le sorcier ne pouvait prédire l'avenir et, encore moins guérir.

Ainsi les esprits sont là, innombrables, invisibles, tout au long de notre histoire. L'Eglise, par ses pasteurs, s'est efforcée de mettre en garde les fidèles contre de telles influences idolâtres, suivant en cela les enseignements de la Bible et les intuitions des Pères fondateurs. De ce fait, les penseurs chrétiens n'ont pas théorisé sur les entités invisibles. On peut toutefois distinguer trois catégories d'êtres invisibles, en quelque sorte naturelles, compatibles avec ce que nous dictent l'Esprit-Saint et la tradition : les anges qui entourent et servent le Créateur, les anges déchus commandés par Satan et les esprits des défunts.

Quelques mots sont nécessaires pour rappeler la réalité de cette troisième catégorie. Dans la théologie catholique, l'Eglise reconnaît Jésus comme seul et unique médiateur entre Dieu et les Hommes, mais, dans le mystère du Salut, elle accorde une place utile à des médiateurs humains intermédiaires dont la figure la plus éminente est Marie : c'est la Communion des Saints. L'Église rejoint là, non pas toujours les dogmes, mais la pratique réelle de toutes les autres traditions religieuses de l'humanité, depuis l'importance accordée aux mânes des ancêtres chez les animistes jusqu'au maraboutisme des musulmans. Mais l'Eglise rejoint là, aussi, une réalité banale de nos cheminements. Qui n'a pas eu, une nuit, la visite en rêve d'un ami, d'un conjoint, d'un grand-père décédé, visite parfois silencieuse, parfois explicite, signifiant une présence vivante quelque part, ce qui est déjà un barrage contre la désespérance et la marque d'une sollicitude ? Le message semble adapté à ce dont notre âme a besoin, et le premier de ces besoins n'est-il pas, souvent, d'éveiller une interrogation ? Mis à part la réserve qu'impose la prudence, ces interventions des défunts ne contrarient pas le mystère de la Communion des Saints. La religion du Dieu Incarné n'établit pas de frontière nette entre le sacré et le profane. Tout comme les demandes d'intercession, ces interventions librement consenties des défunts – esprits ou âmes ? – ne sont pas de même nature que le spiritisme.

Dans ce dernier registre d'esprits, existe-t-il là aussi, comme pour les anges, deux catégories ? Selon certains thérapeutes américains, des troubles de la personnalité pourraient résulter de l'influence qu'auraient prise sur des vivants les âmes de certains défunts qui refusent d'émigrer vers le monde spirituel. Les agissements de ces « âmes en peine » seraient-ils une manière moderne de redécouvrir nos chers fantômes ?

DJINNS ET DÉMONS DANS LE CORAN

Ainsi, les djinns semblent être le nom arabe des « petits êtres » des légendes indo-européennes précédemment rassemblés sous le nom « d'esprits ». Le Coran offre une place particulière et généreuse aux djinns, qu'il distingue des hommes, et, au premier abord, des anges, eux aussi souvent mentionnés. La sourate 72, d'ailleurs dénommée : « Les djinns », leur est consacrée.

Le djinn est d'abord distinct par sa nature matérielle. Voici ce qu'en disent les versets 26 et 27 de la sourate 15 : « Al-Hijr ».

Et très certainement, d'argile sonnante, de lave malléable, Nous avons créé l'homme. Et quant aux Djinns, Nous les avions auparavant créés d'un feu d'une chaleur tuante.

Le djinn partage avec l'homme la faculté de réfléchir et le libre-arbitre. Mais comme le souligne le verset 27 de la sourate 7 : « Les limbes », le djinn reste invisible aux yeux des humains ; le mot djinn en arabe signifiant justement : caché, invisible. Les versets 39 et 40 de la sourate 27 : « Les fourmis » laissent à croire que les djinns sont rapides comme l'éclair. Certains djinns sont industrieux. Aux versets 12 et 13 de la sourate 34 : « Saba », le Coran laisse entendre qu'ils travaillèrent pour le compte du roi Salomon.

Les djinns sont, en général, malfaisants. Beaucoup iront brûler en enfer, comme l'atteste le verset 38 de la sourate 7 : « Les limbes » : « **Entrez dans le feu, dira Dieu, parmi les djinns et les hommes des communautés révolues déjà avant vous** ». Cette perspective se retrouve au verset 175 de la même sourate.

Les djinns, cependant, se partagent, comme l'indique le verset 11 de la sourate 72 : « Les djinns ». Le début de cette sourate fait d'ailleurs mention d'un groupe de djinns qui, après avoir entendu une « lecture merveilleuse » seront « bien guidés ».

Le Diable est-il à l'origine des djinns ou en fait-il partie ? Les djinns sont-ils vraiment distincts des anges ? Voici des questions délicates au sujet desquelles il ne semble pas y avoir unanimité chez les théologiens musulmans. Pour tenter de les éclairer, commençons par cerner la place du Diable dans le Coran.

Pour l'essentiel, les théologies chrétiennes et musulmanes ne divergent pas fondamentalement sur l'origine du Diable, appelé tantôt Iblîs, tantôt Satan dans le Coran. Les versets 71 à 79 de la sourate 38 : « S'ad » décrivent assez bien ce qui a pu se passer aux origines. Dieu a d'abord créé les anges, pour l'adorer et le servir. Puis il insuffla son esprit à l'homme, créé d'argile. Il ordonna aux anges de se prosterner devant sa créature. L'un d'entre eux, Satan, refusa, prétextant qu'il avait été créé de feu tandis que l'homme l'était d'argile. Il fut alors chassé de la troupe céleste.

Un récit semblable se retrouve assez souvent ailleurs, comme dans les versets 28 à 35 de la sourate 15 : « Al-Hijr ». Remarquons cependant une suite de ce dialogue, assez mystérieuse, sur laquelle nous ne nous prononcerons pas. Ainsi à partir du verset 73 de la sourate 38 : « S'ad », nous trouvons :

« Seigneur », dit Satan, « donne-moi donc un délai jusqu'au jour où ils seront ressuscités. » – « Eh bien oui », dit Dieu, « tu es de ceux à qui délai est accordé jusqu'au jour de l'Instant Connu ». – « Par ta puissance », dit Satan, « alors, très certainement, je les ferai errer tous, sauf parmi eux tes esclaves choisis ».

Comme nous l'avons remarqué au chapitre III, on retrouve aussi, aux versets 120 à 123 de la sourate 20 : « Ta Ha » le rôle que joua le Diable dans la transgression originelle.

Le Diable est donc à l'origine du mal. Le Coran déborde d'imprécations contre lui. Les versets 118 à 120 de la sourate 4 : « Les femmes », en résument beaucoup d'autres à ce sujet.

Mais il nous faut revenir à notre interrogation initiale : le Diable est-il à l'origine des djinns ou en fait-il partie ?

La réponse nous est donnée de façon éparse, cachée, comme indirectement. Le verset 50 de la sourate 18 : « La grotte », semble bien indiquer que le Diable fait partie des djinns : « **Et lorsque Nous dîmes aux anges : "Prosternez-vous devant Adam", ils se prosternèrent alors, sauf Satan, qui était parmi les djinns** ». Le verset 76 de la sourate 38 : « S'ad » exprime que Satan a été créé de feu, comme les djinns.

Mais alors, si le Diable fait aussi partie des anges, les djinns ne seraient-ils pas une autre manière de désigner les anges déchus ?

Le verset 56 de la sourate 51 : « Qui éparpillent », qui donne la parole à Dieu, semble confirmer cette interprétation : « **Je n'ai créé les djinns et les hommes que pour qu'ils m'adorent** », tandis que le verset 158 de la sourate 37 : « Les rangées en rang » rappelle l'origine quasi-céleste des djinns : « **Et ils ont établi entre lui et les djinns une parenté** ».

Par cette dichotomie lentement résorbée entre les djinns et les anges, je suis reconnaissant au Coran d'avoir éclairé mon jugement sur les « esprits » dont j'ai fait mention dans le premier paragraphe. Je crois aujourd'hui que les « esprits » n'existent pas en tant que tels. Non pas qu'ils soient un produit de notre imagination ou de notre inconscient, ce serait là faire fi de l'histoire spirituelle de l'humanité et verser dans « la religion de l'homme » qui persévère à être à la mode du siècle. Non, « les esprits » ne sont pas des hallucinations. Ce sont bien des entités indépendantes de l'homme et la psychiatrie moderne gagnerait, peut-être, à prendre en compte cette dimension métaphysique de l'univers.

Il m'apparaît plus simplement que « les esprits » sont des anges. Ces anges peuvent être, pour notre bonheur, des anges divins, ceux qui nous protègent, nous enchantent, nous inspirent et qui parfois nous invitent au service, comme ceux dont « les voix » parvinrent à mettre Jeanne d'Arc en route. Ces anges peuvent être, hélas, les suppôts de Satan, tantôt petits diables espiègles qui nous ensorcellent, tantôt légions qui ont pour but d'immobiliser comme le conte de Gulliver en donne une représentation, tantôt démons plus incisifs et dangereux, comme ceux dont « les voix » envahissent les êtres faibles et leur commande de commettre des actes répréhensibles, pouvant aller jusqu'à se détruire ou détruire les autres.

Anges ou esprits, la tendance naturelle qui prévaut en Occident depuis le « Siècle des Lumières » incline à opposer les créatures du monde invisible aux réalités palpables et solides de la raison, voire à nier l'existence de telles créatures. Pourquoi les opposer? Un musicien qui compose une mélodie, un écrivain qui construit une belle histoire, et plus simplement celui ou celle qui trouve son contentement à une tâche ordinaire mais utile, ne sont-ils pas invisiblement accompagnés? Le grand livre de la raison humaine qui traverse les siècles et a nom « Mathématique », n'est-il pas redevable aussi, dans ses mille et une constructions imaginaires, à une cohorte d'anges particuliers? A l'insu même des savants, les appellations données à certaines avancées du Calcul, tels les nombres « irrationnels » ou « transcendants », témoignent de cette médiation céleste.

Toute intéressante qu'elle est, cette clarification qui s'opérait en moi sur le monde invisible, restait secondaire par rapport au thème central de ma recherche, qui était de mieux situer l'ange qui inspira Muhammad. La lumière vint d'un aspect de l'activité des djinns. Quoique anecdotique et même folklorique, c'est pourtant en ce trait que mon esprit trouvait une pièce du puzzle que je tentais de reconstituer inconsciemment.

La croyance aux djinns – nous l'avons dit – existait dans l'Arabie anté-islamique. Cette croyance s'accompagnait de la belle légende que voici.

Avant d'exécuter les ordres divins – ou après – les anges qui servent Dieu en discutent entre eux. Un peu comme dans les corps de garde, on parle « service ». A l'extérieur, les djinns espionnent, l'oreille collée à la coupole bleue du ciel. Ils réussissent à apprendre par des bribes de phrases, ou par des mots prononcés à l'intérieur par les anges, quels sont les plans de Dieu. Leur patience est parfois récompensée. Ils surprennent quelque dessein important, qui intéresse tout l'univers. Alors ils se hâtent de communiquer le secret à leurs devins. Les anges savent qu'ils sont espionnés. Sortant de temps en temps du ciel, ils jettent des pierres aux djinns, pour les chasser des alentours de la coupole.

La légende ajoute aussi – mais nous sortons là du champ du symbole pour entrer dans celui de la poésie – que les pierres que les anges jettent aux djinns tombent sur la terre sous forme d'étoiles filantes.

Or, le Coran reprend cette légende et lui donne, en quelque sorte, son « sceau de vérité » surnaturel. On trouve, en effet, aux versets 16 à 18 de la sourate 15 : « Al-Hijr » :

Très certainement, Nous avons assigné au ciel des constellations et Nous l'avons embelli pour ceux qui regardent. Et Nous le gardons contre tout diable banni. A moins que l'un d'eux cherche à en voler l'écoute, un bolide fulgurant, alors, le poursuit.

La sourate 72 : « Les djinns » reprend ce thème, aux versets 8 et 9, tandis que les versets 221 et 223 de la sourate 26 : « Les poètes » évoquent des diables qui descendent et tendent l'oreille et dont la plupart sont menteurs...

Il m'apparut que pouvait se trouver là, la clef du mystère de « cette voix entendue à travers une porte » évoquée précédemment à propos de l'enseignement que le mystérieux visiteur céleste prodigua à Muhammad. Et si ce visiteur était lui-même un ange banni, qui avait usurpé l'identité de Gabriel pour avoir observé – ou fait observer par ses légions – ses faits et gestes ? Et si le terme de djinn était la première manière de voiler son identité ?

Ce mystérieux inspirateur de Muhammad était-il le chef des anges déchus ou un messager du chef ?

Me revient alors en mémoire cet étrange bruit de sabots de cheval entendu lors de la bataille de Badr.

Je fis alors la relation avec le verset 64 de la sourate 17 : « Le voyage nocturne », verset dans lequel Dieu Lui-même, évoqué juste avant, laisse entendre l'ampleur des troupes d'assaut d'Iblîs : « **Rassemble contre eux tes cavaliers et tes fantassins** ».

Lentement, la polygamie de Muhammad m'apparaissait sous un jour nouveau. Dans cette légion de démons, celui qu'on appelle en langage populaire le « démon de la chair » a pu être requis, non pas pour faire de Muhammad « *un homme à femmes* » – l'homme avait d'autres aspirations – mais pour que celui qui commandait au démon de la chair pût mieux « tenir » Muhammad sous son influence. Dans cet ordre d'idées, il est d'ailleurs une sourate du Coran, celle des « coalisés », que Muhammad reçut alors qu'il désirait Zeïnab la belle et jeune épouse de son fils adoptif Zaïd. Cette sourate lui ôta ses scrupules.

Seigneur, se pourrait-il que ce soit vrai ?

Si cela était, nous serions en présence du plus extraordinaire complot ourdi par l'Adversaire dans l'Histoire humaine. Cette découverte ne fut pas sans m'effrayer alors et je la repoussai. Mais doit-on repousser ce qui effraie ? Peut-on repousser ce qui apparaît donner au réel sa plus grande cohérence ?

Il me fallait persévérer dans mon enquête mi-historique, mi-métaphysique, mais, d'abord, il me fallait la force de penser une initiative ne venant peut-être pas de Dieu, en préservant tout ce qui, dans mon expérience et dans mes amitiés, m'avait révélé d'authentiquement divin dans l'Islam. Je fus aidé par la considération de la juste place qu'accorde au Diable la tradition chrétienne.

La croyance à Satan-Lucifer et à ses légions d'anges, n'est pas, à proprement parler, un dogme de la foi chrétienne. Toutefois, depuis le « Tentateur » de la Genèse jusqu'au « Grappin » du curé d'Ars, la Bible, les Evangiles et l'histoire de l'Eglise, résonnent de références au Mauvais. Certes, aujourd'hui, le Diable n'est plus à la mode dans les prédications. Beaucoup, parfois même croyants, refusent d'y croire ou préfèrent éviter le sujet. Ne suffit-il pas, pourtant, d'allumer le poste de télévision à l'heure du journal télévisé, chaque soir, pour voir défiler les oeuvres diurnes de Celui qui tenta Jésus au désert ? Pour tout homme de foi sincère, l'existence du Diable devient presque aussi évidente que celle de Dieu.

Les premiers siècles de l'Eglise virent se creuser un inquiétant vide théologique à propos du Diable, tandis que la christianisation se heurtait à de nombreuses hérésies et pratiques de sorcellerie. Il fallut le Concile de Lyon II, en 1274, pour écarter dogmatiquement ce que beaucoup, éclairés par l'Esprit, écartaient déjà d'eux-mêmes : les tendances naturelles de l'homme au manichéisme. Rappelons que Mani, ou Manès, professa, au IIIe siècle, la doctrine selon laquelle le monde serait le champ d'affrontement de principes duaux, celui du Bien et celui du Mal. Le Concile rappela donc que l'Adversaire est une créature, certes opposée au plan divin du Salut, mais non égale à Dieu à qui d'ailleurs elle reste soumise. Dans le mystère de la vie, Dieu garde un rôle central, tandis que le Diable a une place « périphérique », quand bien même il prend certaines initiatives. N'est-ce pas là une manière pacifique et confiante de redire le « *Allah Akbar* » du Coran : Dieu est le plus grand ?

Cette pensée simple a soutenu mon esprit et mon espérance pour persévérer dans ma tentative d'éclaircissement. Quand bien même l'initiative de la révélation à Muhammad ne relevait pas de Dieu, comme je commençais à le croire possible, le vrai Dieu demeurait le maître du jeu. S'Il n'était pas l'auteur du Coran, du moins l'avait-Il permis.

Entendons-nous bien. Dire que Dieu « permet » une initiative ne venant peut-être pas de Lui, mais se réclamant de Lui, ne veut pas dire qu'Il n'en souffre pas. La langue française, d'ailleurs, rend parfois synonymes les verbes « permettre » et « souffrir ». Dieu n'est pas inerte, hiératique. Mais ce livre se veut questionnement plutôt qu'accusation. Nous garderons le verbe « permettre » qui ménage mieux le mystère de la liberté souveraine de notre Créateur.

MUHAMMAD, CAUTION NÉCESSAIRE ?

Le lecteur trouvera peut-être que ce qui m'apparaît possible dans la genèse de l'Islam donne un trop beau rôle à Muhammad aux dépens de l'ange qui l'inspira.

Muhammad ne fut pas un enfant de choeur, certes. Au fil du temps, son combat pour la nouvelle religion se traduira par des razzias ou des batailles rangées où des hommes meurent, des femmes et des enfants sont enlevés et distribués en butin. Ce n'est pas un hasard si « Butin » est le nom de la huitième sourate du Coran. Il est difficile de tenir Muhammad pour totalement innocent de cette instrumentalisation de la violence afin de prouver la vérité de son message.

Un examen plus attentif de la chronologie des circonstances guerrières fait apparaître, cependant, une intime imbrication avec certains versets du Coran. Muhammad avait-il fait taire ses scrupules personnels et obéi aveuglément ? Donnons seulement deux exemples, terribles, que l'on pourrait multiplier.

Nous sommes en l'an 628. Muhammad, alors réfugié à Médine, campe avec 2000 de ses hommes dans la localité d'Hudaïbiya, à la frontière même du territoire sacré de La Mecque. Bien qu'il soit en guerre contre les Mekkois, Muhammad souhaite accomplir le pélerinage traditionnel. En réalité, il cherche la réconciliation avec sa ville d'origine, mais cela ne va pas de soi ! Les Quoraïchites viennent d'arrêter le gendre du prophète, Othman, envoyé en émissaire de paix. Devant la précarité de la situation, le prophète exige une soumission totale de ses hommes et leur fait prêter un serment d'allégeance. Face à cette détermination, les Mekkois prennent peur et se décident à négocier. Ce sera le pacte de non-agression d'Hudaïbiya, momentanément désavantageux pour les musulmans, mais en apparence seulement. Muhammad rebrousse chemin. Les hommes qui accompagnent le prophète n'apprécient pas de devoir rentrer à Médine. Il se trouve alors qu'un jeune homme, Abu-Djandal, fils d'un des dignitaires de La Mecque, tenu jusqu'alors prisonnier par son père Subaïl parce qu'il était musulman, puis évadé, saisit l'occasion de cette négociation pour demander protection à ses frères dans la foi. Les musulmans insistent pour qu'Abu-Djandal ne soit pas livré. Muhammad refuse de les entendre, fait venir Subaïl et lui remet son fils. C'est, en quelque sorte, une condamnation à mort pour le jeune homme, précédée peut-être d'une torture.

Cette histoire est sinistre. Un martyr musulman livré par le prophète même de l'Islam ! Un homme aux abois, cherchant dans la nouvelle foi une humanité dont ses pères avaient manqué et repoussé vers les abîmes par le héraut de cette nouvelle foi.

Cet épisode, se reproduira, hélas, un peu plus tard, tandis que les musulmans retournent, attristés, vers le Nord. Un autre musulman mekkois évadé, Abu-Busaïr, rejoint la caravane et implore la protection de Muhammad. Comme le précédent, il doit s'en retourner à La Mecque, étendu comme un crucifié sur le dos d'un chameau. Celui-ci, toutefois, se libérera de ses chaînes. Seul et fier, il créera une communauté de musulmans indépendants, qui aura pour effet de vider le traité de certaines de ses clauses.

En y regardant de plus près, que remarque-t-on dans cet épisode d'Hudaïbiya ? Il semble que la sourate 48, justement nommée : « La victoire », rassemble les versets dont la « descente » a intimement enveloppé la conduite de Muhammad dans cette étape préalable à la conquête de La Mecque.

Il y a d'abord le verset 18 qui réfléchit la satisfaction « d'Allah » devant le serment d'obéissance inconditionnelle auquel Muhammad invite ses proches.

Dieu a très certainement agréé les croyants quand ils t'ont prêté serment sous l'Arbre ; Il a donc su ce qu'il y avait dedans leurs coeurs, et fait descendre sur eux la tranquillité, et Il les a récompensés par une proche victoire.

Il y a, ensuite, après le méfait envers Abu-Djandal, au moment où les esprits bouillonnent de révolte devant un geste qui heurte la morale élémentaire des bédouins, le verset 1 de la même sourate : « **Oui, nous t'avons rendu victorieux d'une éclatante victoire** ».

Non, Muhammad n'a pas été un saint. Lui qui se voulait un homme ordinaire, accepterait-il d'ailleurs d'être pris pour ce « Beau Modèle » que la légende a tissé après sa mort ?

Ainsi, la question qui prévaut dans cet ouvrage, et que l'on a vu déjà affleurer çà et là, est plus simplement celle-ci : Ne fallait-il pas que l'homme fût suffisamment intègre et idéaliste pour que le message passe ? Pareillement, son courage et son opiniâtreté n'ont peut-être pas été étrangers au choix dont il fit l'objet.

L'homme était aussi scrupuleux. Tout au long du discours d'adieu qu'il prononça près de La Mecque, sur le Mont Arafat, trois mois avant de mourir, vraisemblablement au début du printemps de l'an 632, une question revient périodiquement dans la bouche du prophète. Lancinante, terrible, cette question exprime un peu plus que le scrupule, elle laisse percer cette inquiétude sur le fond qui traduit, peut-être, la part préservée de l'homme. Cette interrogation répétée, appelée « *balaghtu* » en arabe, est : « *Ai-je bien rempli ma mission ?* »

Ce même discours d'adieu, qui aura tant marqué les musulmans, laisse apparaître une phrase doublement éloquente. Elle montre tout à la fois le tragique de la pensée établie et les scrupules de l'homme, scrupules qui permettent aujourd'hui de tout espérer. Muhammad a dit, de façon substantielle : « *Désormais la femme est votre prisonnière, soyez clément envers elle* ».

Avant de rendre l'âme, l'homme poussera le scrupule jusqu'à vouloir se débarrasser des sept dirhams qu'il possédait afin de mieux préparer sa rencontre avec son Créateur.

Revenons, enfin, à cette tension pathologique qui accompagna souvent, chez Muhammad, la réception des sourates coraniques, tension que nous avons décrite au chapitre III. De telles manifestations pathologiques ne témoignent-elles pas d'un combat intérieur entre l'ombre et la lumière? Quand l'ombre l'emporte, il n'y a plus de combat. Contrairement aux possédés que le Christ a guéris, les vrais alliés de Satan, les notables juifs et romains qui mirent à mort un innocent, semblaient, eux, bien se porter.

Aussi, une autre question sous-tend cet ouvrage et suit de près la première. Ne serait-ce cette qualité du personnage, exagérée par ses laudateurs, occultée par d'autres, qui participe aussi à la permanence de l'Islam aujourd'hui?

Comment un homme qui aimait Dieu sincèrement et qui a cru bien faire, pourrait-il être oublié dans sa juste nature? Dieu regarde le coeur et non les apparences. Le salut de Muhammad requiert que soit distingué l'homme de l'oeuvre et que soit rétabli, par les musulmans eux-mêmes, ce qui s'est réellement passé.

Aussi, en posant les interrogations qui constituent cet essai, je me sens en accord avec Muhammad. Je crois que, là où il demeure aujourd'hui, lavé par la mort, confronté à la lumière de l'Esprit, son souci est d'abord celui de l'avenir de sa communauté. Je crois qu'il ne s'irrite aucunement de ce qu'un musulman devienne chrétien, si cet homme ne renie ni son histoire, ni ses racines et qu'il demeure relié, au moins par la prière, à ceux qui l'ont porté jusqu'aux rivages du présent.

CHAPITRE VIII

LES HADITHS DE LA FIN DES TEMPS

Comme nous l'avons déjà dit, les « hadiths », dont la somme constitue la Sunna, sont innombrables. Certains exégètes parlent de 600.000, dont 2.000 seulement seraient authentiques. Certains réformistes musulmans, comme l'éminent Egyptien Muhammad Abduh qui vécut de 1849 à 1905, limitent même ce nombre à quelques dizaines. Qu'appelle-t-on « authentique » d'ailleurs? Les orientalistes voient dans la majorité des hadiths, non pas des faits ou des paroles de Muhammad, mais des témoignages de la façon dont les premières générations de musulmans, sur deux siècles au moins, pensaient que le prophète aurait agi et parlé. Mais comment discerner équitablement sans embrasser le fleuve dans son ensemble, surtout si la source de ce fleuve est équivoque? Muhammad aurait-il rejoint Georges Brassens, en prophétisant, dans un de ces hadiths, que la dernière femme dont un homme se souvient, avant le grand voyage, est la première qu'il a « connue »? Pourquoi pas, si une part de vérité et d'innocence fut préservée en lui, comme d'ailleurs chez Georges Brassens.

Aussi n'est-il pas dans le but de cet essai d'entrer dans une controverse de spécialistes sur la « vérité » des hadiths, mais seulement d'en parcourir certains, à la recherche d'une cohérence cachée.

Ce qu'on appelle « les hadiths de la fin des temps » ou encore « hadiths eschatologiques » émanent de sources arabes très variées. Ces hadiths ont été heureusement rassemblés et synthétisés depuis peu dans un livre explicite : « *Les signes de la fin des temps dans la tradition islamique* », dont on trouvera les références dans la bibliographie. Cette synthèse et ce rassemblement étaient nécessaires, car la matière est ardue.

Elle est ardue car on retrouve dans ces hadiths, le même débordement d'imaginaire fantastique que dans le récit du « voyage nocturne » et un tri s'impose pour déchiffrer le langage symbolique.

La matière est ardue par la nature même du thème apocalyptique : on ne sait pas si les événements évoqués, en particulier « l'Heure » dont parle Muhammad, sont proches ou lointains. Ici, comme ailleurs, l'homme se complaît à ne voir que l'aspect historique et collectif de la fin des temps, alors que l'Apocalypse est de tout instant dans le monde, comme le péché dont la mort est le salaire.

Enfin, la matière est ardue du fait que ces hadiths, qui ne font que rapporter les paroles de Muhammad, retentissent de l'inquiétude du prophète, et même de son désarroi : qu'adviendra-t-il de sa communauté et de l'Islam après sa mort? Cette inquiétude ajoute, pour moi tout au moins, aux qualités de l'homme déjà évoquées. Cela le rend plus humain, et lucide, car on a l'impression que Muhammad pressentait les violences qui allaient suivre. Son inconscient ne le trompait pas. Sur les quatre premiers califes musulmans, trois moururent assassinés, entre l'an 632 et l'an 900 et dix huit parmi ceux qui suivirent furent torturés.

Aussi, les récits de la fin des temps sont-ils déroutants. Et pourtant, certaines descriptions offrent avec la réalité d'aujourd'hui de troublantes analogies. Il y a, dans ces hadiths eschatologiques, des détails concernant tout à la fois ce qui fait l'objet du présent livre : les commencements, et les convulsions que nous vivons aujourd'hui, ce qui en rend certains d'une étonnante modernité. En dépit de la tonalité plutôt pessimiste de l'ensemble, il est des passages prophétiques d'où l'espérance n'est pas exclue. Tentons de dégager quelques impressions.

SIGNES APOCALYPTIQUES

Une première impression générale demeure celle de l'analogie qui affleure ici et là, tantôt précise, tantôt imprécise, entre les récits apocalyptiques de la tradition chrétienne et ceux de la Sunna. Voici deux exemples parmi d'autres.

Sauf l'apôtre Jean, les évangélistes font tous mention de la prophétie de Jésus sur les troubles qui précéderont son retour à la fin des temps et sur son exhortation à ne céder ni aux apparences calamiteuses, ni au désespoir, à tenir ferme dans la foi, l'espérance et la charité. Au verset 12 du chapitre 13, Marc rapporte alors cette parole de Jésus : « **Le frère livrera son frère à la mort, et le père son enfant. Les enfants se soulèveront contre leurs parents et les feront mourir** ». Les chroniqueurs Al-Tabarani et Al-Hakim rapportent, eux, cette parole de Muhammad : « *Quand les temps seront proches, il vaudra mieux pour l'homme élever un chiot que l'un de ses enfants. Les vieux ne seront plus respectés et il ne sera plus fait miséricorde aux enfants* ».

L'Apocalypse de l'apôtre Jean laisse entendre, au chapitre 9, le choc terrible de deux armées gigantesques à la fin des temps. Le chroniqueur Abou Hurayra rapporte ces paroles de Muhammad : « *L'Heure n'aura pas lieu avant que deux grandes troupes se réclamant d'une même cause ne se soient affrontées en un rude combat* ».

Quelles sont ces deux armées ? Dans un petit livre intitulé : « *Le défi de l'Islam* » le pasteur allemand G. Bergmann, par ailleurs docteur en philosophie, présume que l'une de ces armées pourrait être celle des musulmans inféodés à un Islam sans partage. Ce qui s'est passé hier au Koweit ou en Irak, ce qui se trame aujourd'hui dans certains pays musulmans ne rend pas cette éventualité invraisemblable. Si certaines forces obscures sont bien à l'initiative de la révélation coranique, on s'imagine qu'elles ne desserreront pas facilement leur emprise.

Quels sont les signes qui, selon Muhammad, annonceront l'imminence de L'Heure ?

Certains signes ne peuvent être raisonnablement pris au sérieux, comme le renflement du croissant lunaire, la contraction du temps – serait-ce une allusion à la théorie de la Relativité ? – la généralisation des morts subites et l'apparition des hémorroïdes.

D'autres signes semblent traduire, chez le prophète, une crainte des femmes. Il annonce, en effet, leur prolifération et la raréfaction des hommes. Outre qu'elles auront des moeurs dépravées, « *elles monteront à cheval sur de larges selles et porteront des chapeaux extravagants !* » On peut voir dans cette prophétie la préfiguration de la conduite automobile et du changement de tenue vestimentaire. Curieusement, les rues et les métros des capitales arabes qui ont promu la libération féminine offrent aujourd'hui le spectacle de femmes portant élégamment de grands chapeaux…

Il y a les signes cosmiques : feu, tremblement de terre, ébranlement de la terre, vents violents, pluies abondantes accompagnées de maigres récoltes.

Il y a les signes concernant les moeurs : homosexualité des hommes et des femmes, banalisation de l'acte sexuel, multiplication des enfants naturels ou adultérins. Un célèbre hadith transmis par Al-Bukhari et Muslim rapporte cette parole de

Muhammad : « *on fécondera les femmes stériles* », ce qui peut s'entendre : « artificiellement », mais aussi… « spirituellement. ».

Il y a les signes concernant la vie économique et sociale. Les voyages et les achats à crédit se multiplieront, la justice sera oubliée, la corruption se généralisera. Le chroniqueur Al-Sulami rapporte : « *Viendra un temps où les hommes consacreront toute leur énergie à remplir leurs estomacs ; leurs biens constitueront la plus grave de leurs préoccupations ; ils prendront leurs femmes pour qibla et le dinâr et le dirham pour religion* ».

Le chroniqueur Al-Barzanji rapporte, lui, une parole du prophète qui est peut-être moins exagérée qu'elle n'apparaît de prime abord, au regard de ce qui se passe aujourd'hui où beaucoup sont conditionnés par le désir de gagner de l'argent : « *L'Heure surviendra quand les hommes qui, par souci d'honnêteté, accepteront de rester pauvres, se verront quasiment contraints, y compris par leurs propres familles, de s'enrichir par des moyens malhonnêtes, d'où la nécessité de la fuite* ».

Il y a, enfin, le refroidissement du sentiment religieux. Rapporté par le chroniqueur Hudayfa, voici une parole du prophète qui ne manque pas de sel : « *Les hommes s'endormiront et le dépôt de la foi leur sera ôté du coeur, n'y laissant qu'une trace imperceptible. Ils s'endormiront à nouveau et on leur retirera du coeur le reste de ce dépôt qui laissera une trace comparable à une cloque provoquée par une braise que tu aurais laissé tomber sur ton pied. Elle t'apparaît proéminente alors qu'elle est vide à l'intérieur* ».

Al-Aslami rapporte les propos suivants : « *Les gens pieux disparaîtront les uns après les autres, et il ne restera que la lie du genre humain, semblables à de la bluture d'orge ou à des déchets de datte. Dieu ne leur accordera pas la moindre attention* ».

C'est peut-être mal Le connaître.

Le thème de l'Antéchrist occupe une place importante dans les hadiths eschatologiques. L'Antéchrist est présenté ici comme un ennemi de l'Islam et non du christianisme. La confusion est poussée à son comble quand il est présenté comme celui qui « *guérit les lépreux, les muets et ressuscite les morts* ». Mis à part ce qu'il fera et la manière dont il sera tué par le Christ de la Parousie, il apparaît, au sens propre, sous trois visages.

L'Antéchrist est d'abord un homme trappu, aux cheveux crépus, borgne d'un oeil, tandis que l'autre est tantôt recouvert d'une corne épaisse, tantôt injecté de sang. Il apparaît, ensuite, sous le visage d'un enfant juif de Médine, borgne lui aussi, « *le moins utile et le plus nuisible qui soit* ».

Il me semble que nous sommes en présence d'une projection. Il m'apparaît possible que Muhammad exorcise ainsi « l'esprit » qui l'habite et qui fera de lui une figure de l'Antéchrist. Contrairement aux autres figures de l'Antéchrist qui ont émaillé l'Histoire, il est possible qu'il le fût à son insu et que, ni le ressentiment, ni l'orgueil ne le motivèrent. L'histoire qui suit, rapportée par Omar et par Al-Khudri, est éloquente à ce sujet. Un troisième visage de l'Antéchrist, en effet, est celui d'Ibn Sayyad, un adolescent de Médine, réticent à l'égard des « révélations » de Muhammad. Il répugnait à accorder à ce dernier le titre « d'Envoyé de Dieu », ce qui irritait Muhammad, mais il lui concédait d'être « *l'Envoyé des Illettrés* ». Le bruit courait dans l'oasis qu'Ibn Sayyad était l'Antéchrist et, de ce fait, Muhammad en avait peur. Pourtant, il défendait qu'on le mette à mort. Les circonstances voulurent que les deux hommes se retrouvassent un jour, seuls. La conversation devint amicale. Ibn Sayyad expliqua posément à Muhammad les raisons qui excluaient qu'il fut vraiment l'Antéchrist. Muhammad s'émut. Cependant, le jeune homme ajouta : « *Dieu m'a donné connaissance de qui est l'Antéchrist, de son lieu de naissance et de l'endroit où il se trouve actuellement* ». Le prophète frémit. Un autre hadith attribue alors cette parole à Ibn Sayyad : « *Nul ne connaît mieux que moi l'Antéchrist et où il se cache. Dans les mêmes circonstances, je l'aurais été moi-même* ».

Il vaut la peine de s'arrêter quelques instants sur cette phrase : « *Dans les mêmes circonstances, je l'aurais été moi-même* ».

Au jour où j'écris cet essai, je ne sais ce qu'il en adviendra. Pour que le déchiffrement d'un paradoxe s'inscrive dans l'Histoire, il ne suffit pas qu'il soit vrai. Faut-il aussi qu'il vienne à son heure et qu'il soit confirmé par des faits indépendants de celui qui l'énonce. Muhammad, oui ou non, a-t-il été « un homme sous influence » ?

Si la porte ouverte par cette question, aussi étroite soit-elle en apparence, ne me paraissait pas déboucher, peut-être, sur la vraie solution de continuité entre le passé et l'avenir, je ne l'entrouvrirais pas. Quatorze siècles de durée et un si grand nombre d'adeptes donnent à réfléchir, donnent à respecter. Qui donc va prendre au sérieux une telle question ? Laissons de côté l'intolérance. Laissons de côté ceux que le mouvement dérange. Ceux qui m'importent, ce sont les hommes de bonne volonté, musulmans et chrétiens, dont j'ai pressenti le voeu secret d'une convergence qui fasse l'économie d'une remise en cause fondamentale du Coran comme parole divine.

A ceux qui, confiants en Dieu et en l'homme, ne craindront pas de s'avancer, je crois seulement que cette phrase d'Ibn Sayyad peut apporter un soutien. Comme peut apporter un soutien cette phrase d'un philosophe persan que je chéris entre tous, pour partager avec lui l'amour des mathématiques, de la poésie et une certaine inquiétude. Omar Khayyam, celui qui écrivit au XIe siècle les si mélancoliques Rubâ'iyyât, a dit : « *Un cheveu, peut-être, sépare l'erreur de la vérité* ».

Pour clore ce paragraphe sur l'Antéchrist, relevons deux détails signifiants.

Un hadith d'Hurayra rapporte ces paroles de Muhammad : *« Vous dirais-je, au sujet de l'Antéchrist ce qu'aucun prophète n'a jamais dit à son peuple ? Il est borgne et il dispose d'une représentation du Paradis et de l'Enfer. Ce qu'il prétend être le Paradis est en réalité l'Enfer... »* Aurait-on là une allusion inconsciente au voyage nocturne ?

Un autre hadith du chroniqueur Omar rapporte que « *Muhammad mentionna la présence de l'Antéchrist au milieu d'une foule de gens* ». Cette circonstance est-elle à rapprocher du même fait que celui déjà cité à propos de son mystérieux visiteur céleste ?

Pourquoi ces hadiths sont-ils signifiants ?

Comme je l'ai déjà dit, je ne tiens pas pour certaine mais seulement pour possible une tromperie préméditée dont Muhammad aurait été le transmetteur. Je pose seulement la question, me contentant d'amorcer une recherche. A la lumière de la question posée, cette recherche mérite d'être approfondie en scrutant le Coran lui-même et elle le sera peut-être un jour. Il faudra alors se souvenir de ce que nous dit l'Esprit-Saint sur le Malin, relayé peu ou prou en cela par les traditions religieuses de l'humanité. Le Malin ne désire rien autant que le pouvoir d'agir parmi les hommes, sans qu'on reconnaisse sa présence ni son action. Mais, cela, Dieu ne le permet pas. Il a ordre de se révéler, bon gré, mal gré, dans ses actes bien sûr, mais aussi dans ce qu'il dit ou fait dire. Cela, les psychiâtres le savent qui observent un double langage, vrai et faux, chez certains patients. Cette réalité spirituelle rejoint un peu aussi la sentence énigmatique énoncée par Sigmund Freud : *« l'inconscient dit toujours la vérité »*.

Que peuvent bien exprimer ces deux mers évoquées dans la sourate 55 : « Le Très Miséricordieux », dont les eaux ne se mélangent pas ? Est-ce seulement une réalité géographique, assez rare d'ailleurs, ou un symbole de troupes célestes distinctes ?

Pourquoi, par exemple, la dernière révélation reçue par le prophète se ferme sur une demande de pardon, alors que cette même sourate 110 : « Louanges » chante le succès ?

CONVULSIONS FINALES

Bien que certains versets du Coran semblent faire de « **Jésus, le signal caractéristique de l'Heure** », c'est plutôt dans les hadiths de la fin des temps que l'on trouve le fondement de la croyance musulmane au retour de Jésus.

Le fils de Marie « *descendra sur un minaret blanc à l'est de Damas* » et il dirigera la prière des musulmans. Il tuera les porcs, brisera les croix, confondra l'Antéchrist, inaugurera enfin un règne de paix, ce qui n'est pas sans rappeler les thèmes millénaristes de l'Apocalypse de Jean.

Bien des pays, qui donneront lieu plus tard à des guerres de conquêtes et de reprises, sont évoqués dans les hadiths eschatologiques. Un peu à la manière dont on décrypte les « prophéties » de Nostradamus, on peut « voir » dans certains hadiths, la prise de Constantinople, l'invasion de Bagdad par les Mongols au 7e siècle de l'Hégire, ou encore le blocus de l'Irak, qui selon le chroniqueur Abou Nadra, « *ne pourra faire rentrer chez lui ni nourriture, ni dirham* ». Dans cette évocation quelque peu désordonnée, le Maghreb tient une place non négligeable. Sous la plume de Ali Sufian, on peut lire que Muhammad parle de la prise de l'Andalousie par les musulmans et de la reprise « *presque totale* » de ce pays. Après quoi, « *les gens du Maghreb connaîtront les meurtres et la peur. Ils seront victimes de la faim et de la hausse des prix, connaîtront des troubles et se mangeront entre eux* ».

C'est du Maghreb extrême – faut-il entendre par là le

Maroc ? – que doit surgir le Mahdi. Toutefois, les nombreux hadiths faisant état du Mahdi, le « *bien-guidé* » qui ramènera la paix, comme d'un personnage distinct, voisinent avec d'autres hadiths, comme celui rapporté par Al-Hakim qui affirme « *qu'il n'est d'autre Mahdi que Jésus, fils de Marie* ».

C'est surtout à propos de l'Islam et de la communauté des croyants que le prophète est pessimiste. Une longue harangue rapportée par Omar, résume l'essentiel de son intuition prophétique : « *Les premiers membres de cette communauté lui donneront son plein épanouissement. Les derniers connaîtront des épreuves et des troubles qui se succéderont* ».

Le thème de l'Islam redevenant étranger apparaît sous la plume d'Al-Tabarani : « *L'Heure n'aura pas lieu avant que les hommes n'aient eu honte du Livre de Dieu, que l'Islam ne soit redevenu étranger et que la haine ne soit apparue entre les hommes* ». Mais c'est encore Abdallah Amar qui rapporte à ce sujet les propos de Muhammad les plus sobres et les plus explicites : « *L'Islam a commencé isolé et redeviendra isolé comme il avait commencé* ». Une autre prophétie nous est rapportée par Hudhayfa, qui éprouva un grand désagrément à l'entendre répéter trois fois de la bouche de Muhammad : « *En une nuit, le Livre sera oublié, sans qu'il en reste la moindre trace sur terre. Seuls demeureront quelques groupes de gens, comptant des vieillards et des vieilles femmes qui diront : nous avons connu un temps où nos pères prononçaient cette parole :* ***Il n'est point de divinité en dehors de Dieu*** ».

Cet amenuisement de l'Islam ne se fera pas sans violences. Le même chroniqueur Hudhayfa rapporte que « *l'Heure ne se passera pas avant que vous n'ayez tué vos imams* ». Le prophète va plus loin encore dans la préfiguration de ce qui se passe aujourd'hui. Un hadith du chroniqueur Qurtubi affirme que certains musulmans s'abriteront derrière l'idée de ne rien associer à Dieu pour commettre le mal. Un autre historien,

Tirmidhi, rapporte un dialogue entre Dieu et Muhammad inquiet pour l'avenir de sa communauté. Dieu affirme alors que, ni ennemi extérieur, ni famine ne viendra à bout de cette communauté, « *tant qu'ils ne s'entretueront pas eux-mêmes* ». De plus, l'Heure n'aura pas lieu « *avant que des tribus de ma communauté n'aient rejoint les associateurs* ».

Le terme même de communauté employé par Muhammad laisse entendre que ce qui compte d'abord pour lui, c'est l'Islam comme peuple. Muhammad semble prévoir des choix difficiles chez les responsables de ce peuple. Jabal rapporte, en ce sens, ces paroles précises : « *Le Livre et le gouvernant divergeront* ».

Cette timide distinction, chez Muhammad, entre Islam comme religion et Islam comme communauté humaine et politique est si importante pour aujourd'hui que nous lui consacrerons un paragraphe particulier. Cela nous permet de clore ce chapitre dans l'espérance.

QUAND ON DIT ISLAM…

Nous sommes ainsi faits que, parfois, les choses les plus simples nous échappent. C'est vrai dans le domaine du sentiment; c'est le coeur en lambeaux, parfois, que nous savons enfin qui nous aimons. C'est vrai en ce qui concerne notre intégrité; faut-il, parfois, que notre corps soit défait pour que nous osions nous tourner vers Celui qui nous a faits. C'est vrai aussi dans le domaine des idées. Les pensées les plus utiles mûrissent lentement en nous avant d'éclore un jour, revêtues de clarté, presque étonnées d'être, simplement. Les chercheurs scientifiques ont dû faire l'expérience de cette constatation.

Il m'est apparu, un jour récent, que le mot Islam recouvrait, en fait, trois réalités différentes. Ce triple sens d'un mot, fondu dans une certaine unité, est partagé par d'autres mots de la langue française. On a là, en sémantique, un reflet du Mystère Trinitaire. Ainsi le mot « sens » désigne tout à la fois la fonction physiologique par laquelle nous appréhendons le monde extérieur, la signification que nous donnons aux paroles échangées et la direction matérielle ou morale dans laquelle nous nous engageons.

Quand on dit « Islam », il y a d'abord la réalité humaine, le peuple des musulmans, « *l'Umma* ». A l'autre bout, il y a la réalité transcendante, celle d'une Parole révélée à Muhammad et considérée comme divine. Il y a, enfin, la réalité culturelle faite d'une même histoire à l'origine, de traditions, de valeurs, de coutumes, d'une mémoire commune. Il me semble important de distinguer un peu ces trois significations, au moins à titre personnel, pour permettre que vienne cette paix à laquelle aspirent tant d'hommes de bonne volonté en pays musulmans.

Pour mieux servir l'Islam comme peuple, je me suis attaché, dans ce livre, à poser quelques interrogations qui mettent en cause l'Islam comme religion dont Dieu serait l'inspirateur. J'ai bien conscience, cependant, que tout ce qui a été dit est entaché par l'ignorance que tout homme peut avoir des desseins réels du Créateur et de la mystérieuse chronologie qu'en sa liberté souveraine, Il a accordée à l'histoire du Salut.

Demeure l'Islam comme culture, ou plus précisément « ce qu'ont fait de l'Islam les mulsumans ». Chacun comprendra qu'une enquête historique comme celle qui précède ne peut se prévaloir de quelque jugement hâtif sur l'aujourd'hui de l'Islam. De ce qui était peut-être une tromperie, Dieu, l'homme et l'Histoire ont pu faire aujourd'hui une réalité qui participe mystérieusement à l'espérance, une réalité équivoque et inachevée. Aujourd'hui où des pans entiers de sociétés qui furent chrétiennes sont affectées de vide spirituel, aujourd'hui où le progrès technique et les tentations qu'il engendre amènent parfois à flirter avec le dénaturé, l'attachement de beaucoup de musulmans à une certaine tenue morale, leur patience et leur foi en Dieu sont une chance pour tous.

Devant la barbarie qui se pratique en Algérie au nom de l'Islam, beaucoup de musulmans s'écrient : *« L'Islam, ce n'est pas cela! »*

Non, l'Islam tel qu'ils le vivent et le ressentent au fond de leur coeur, ce n'est pas cela. Mais faut-il confondre sincérité et vérité? Si, à l'origine, il y a eu prise en otage d'un homme par un « mauvais esprit » revêtu de l'apparence de l'Ange Gabriel, ce même « mauvais esprit » n'admettra pas de voir son emprise collective menacée par la modernité et ce qu'elle charrie de lucidité. Il suscitera chez certains violence et désespoir, de la même manière que cela peut se passer chez un homme investi des forces du Malin. Comment cette triade des trois réalités désignées par le mot « Islam » pourrait-elle se perpétuer sans tensions extrêmes si son unité ne vient pas de Dieu?

Il semble que Muhammad, en vertu d'une part de lui-même restée lucide, ait lointainement pressenti, consciemment ou inconsciemment, que l'histoire de la communauté musulmane ne pouvait se confondre avec celle de l'Islam comme religion. Le lecteur perçoit alors combien il est important de prendre en compte des dimensions différentes, voire opposées, du mot « Islam ».

Cet amour profond pour sa communauté, allié à sa confiance inébranlable en Dieu, par-delà ce qu'il pouvait connaître de Lui, transparaît, en effet, dans ces paroles de Muhammad, rapportées dans les hadiths de la fin des temps :

« Dieu ne perdra pas une communauté dont je suis le fondateur et dont Jésus est le terme ».

Chapitre IX

LE PARADOXE DE LA MÉMOIRE

La mémoire est un phénomène bien mystérieux. Pourquoi, dans notre propre histoire, nous rappelons-nous telle anecdote, telle parole qui a été prononcée fort longtemps, plutôt qu'une autre ?

Il en va de même dans l'histoire collective, celle des nations et celle de l'humanité. Je suis toujours étonné, en lisant les Evangiles, par le récit de la rencontre de ces deux femmes, Marie et sa cousine Elizabeth. Elles étaient vraisemblablement seules dans un hameau de la montagne de Palestine. Pieuses et réservées, elles étaient peut-être peu enclines à trop raconter ce qui leur arrivait. Un évangile ne dit-il pas que Marie « *gardait tout cela dans son coeur* » ? Comment le chant de remerciement qui monta alors des lèvres de Marie a-t-il pu parvenir jusqu'à nous ?

Je suis étonné aussi de ces menus faits de vie rapportés par le livre, le cinéma ou la B.D., si criants de vérité parfois qu'ils me semblent ne pas relever du seul imaginaire. Cette femme indienne qui se laissa tomber sans un cri de la falaise où elle et son peuple fuyaient les envahisseurs blancs, afin de ne pas éveiller l'attention de ses poursuivants, n'est-ce vraiment que de l'imaginaire ?

Ces multiples traces de l'immense foule de ceux qui nous ont précédés, toutes romancées qu'elles sont, me semblent, pour certaines d'entre elles, avoir un fondement réel. Ce mystère de la mémoire vraie est-il en relation avec celui du Salut ?

LE MYSTÈRE DU SALUT RÉTROSPECTIF

Pour faire mémoire de l'essentiel de leur foi, l'Eglise propose aux chrétiens deux prières. L'un de ces Credo, appelé le Symbole des Apôtres, comporte une phrase un peu mystérieuse. Il affirme que : « *Jésus descendit aux enfers* » entre le temps de sa mort sur la Croix et celui de sa résurrection.

J'ai longtemps accordé à cette petite phrase une signification un peu personnelle, teintée de romantisme. Elle évoquait le mystère de l'amour rédempteur qui vient surprendre et sauver celui qui est plongé dans la nuit du péché, un peu comme certains romanciers évoquent les retournements de coeur d'êtres tombés dans la déchéance. Cette manière bien particulière d'interpréter la petite phrase du Credo contient toujours pour moi une part de vérité : pour chacun d'entre nous, seul l'amour et non la vertu peut changer notre coeur. Mais j'ai eu connaissance, depuis, de l'interprétation de cette phrase du Credo que donne la tradition : Les « enfers » signifient le séjour des morts, et Jésus y était descendu pour y chercher les justes de sa tribu qui l'avaient précédé et annoncé, afin de les faire participer à sa vie de Ressuscité.

Cette interprétation – officielle, en quelque sorte – m'a éclairé.

Les séjours effectués au Maghreb, où on respire parfois des effluves plus chrétiens qu'en France, du fait du partage, de la simplicité de vie et des efforts consentis pour plaire à Dieu, venaient se mêler, dans mon ressenti, à la Parole du Christ se proclamant comme la porte, et la seule, par laquelle on doit passer pour aller vers le Père.

Mais peut-il y avoir contradiction entre la charité vécue hors de l'Eglise et le don que Dieu nous consentit ? La première prépare la rencontre, dont l'heure et l'instant appartiennent à Dieu seul.

Je crois simplement aujourd'hui que le musulman qui confie sa vie au Christ, porte, en son baptême, tous les justes de sa race qui l'ont précédé, dans la richesse de sa tradition. Rien n'est oublié par le Seigneur des Univers, pas même un simple écart fait, il y a des siècles, pour épargner un moustique. Mais il revient aux vivants de confier au Christ le bien qui les a précédés, afin qu'Il le vivifie de sa vie de Ressuscité et le mette définitivement à l'abri du Malin.

Sur un plan plus profane – mais le profane et le sacré sont-ils si distincts ? – ce mystère du salut rétrospectif donne sens lointain – dans la liberté – à cette extraordinaire exploration du passé à laquelle nous assistons aujourd'hui. Quand une équipe d'archéologues rend vie à une ville enfouie sous les sables, quand un écrivain rassemble l'immense foule de ses ancêtres dispersés en Europe, quand un cinéaste met en relief un acte d'abnégation oublié de tous, voire un seul regard, une seule parole vraie, n'est-ce pas là une oeuvre multiforme de l'Esprit dont l'unité secrète trouve son fondement dans la petite phrase du Credo ? Dans son souci de faire connaître la plénitude de salut aux hommes de bonne volonté, Dieu, je crois, a confié les défunts aux vivants.

Cette revification du passé s'amplifie-t-elle quand un peuple s'approche dans son ensemble du mystère chrétien ? La contribution des nations musulmanes au patrimoine culturel de l'humanité est riche. Les tribus déjà christianisées doivent-elles s'étonner ou s'inquiéter que cette contribution remonte à la surface du présent ? La parabole de l'enfant prodigue me semble une clé pour éclairer l'histoire du Salut. L'Esprit vient à la rencontre des nations et réhabilite lentement ce qu'Il a déjà donné.

Je ne connais guère la spiritualité bouddhiste. On est porté, peut-être, par les hasards de la naissance et celle qui me berçait quand j'étais enfant s'appelait Zohra, et non Yan ou Mayli. Pour autant, je crois que cette spiritualité peut apporter beaucoup à l'humanité. Il m'apparaît seulement que certaines croyances diffuses du patrimoine chrétien, comme la mémoire de Dieu au fil des générations pour le bien et le mal à laquelle fait parfois allusion la Bible, comme la purification d'une âme au purgatoire ou celle d'un achèvement de son parcours, s'accordent avec certaines intuitions bouddhistes sur l'au-delà. Il y a là, en lien avec le mystère de la mémoire, un beau champ de rencontres et de recherches en perspective.

Mais la mémoire elle-même, comme tout ce qui existe, n'est pas indemne du mal originel.

Ce qui demeure dans les croyances des hommes relève aussi de l'inertie naturelle en la matière, une inertie que Muhammad a affrontée avec un grand courage… L'homme épouse naturellement les croyances de ceux qui l'ont précédé. Il n'éprouve pas spontanément le besoin d'innover, et préfère infléchir ou parfois améliorer, ce qui est déjà honorable. Le Malin se sert de cette passivité naturelle pour perpétuer l'erreur quand elle existe. Mais ce même Diable n'a que le pouvoir de maintenir, à travers les générations, et en utilisant les passions humaines, ses acquis. Il n'est pas en son pouvoir d'empiéter sur la parcelle de vérité d'un homme juste, quand bien même cet homme juste a été trompé. La dernière arme de Dieu, la plus terrible, est la mémoire. Ce qui demeure, dans l'imperfection, est le signe d'une vérité à retrouver, avec son coeur. Vient un jour, une heure, une seconde, où le conflit entre l'erreur et la vérité enfouie qu'elle exprime dans l'absurde, doit être éclairée. A travers ses imperfections et ses violences, comme à travers le bien qui s'y pratique, l'Islam exprimerait-il aussi la mémoire d'une parcelle de bien, irréductible. Celle qui animait un homme juste, désireux de servir Dieu et son peuple? L'histoire de l'Islam comme religion exprimerait-elle aussi celle d'un lâche, l'inspirateur, qui se cache derrière un héros, l'inspiré?

Je ne suis pas instruit dans les détails des écrits de Freud. L'idolâtrie manifeste de la sexualité, l'éradication systématique des forces invisibles extérieures à l'homme au profit d'un inconscient humain un peu fourre-tout, autant qu'un manque de limpidité, tout a concouru à entretenir en moi une certaine réserve. « *Tout ce qui ne peut être compris par un enfant ne vaut pas la peine d'être expliqué* » a dit un autre savant juif, Albert Einstein. Mais, il n'y a pas de fumée sans feu. L'importance prise par cette école de pensée doit être en rapport avec un principe de vérité simple, au moins sur le plan symbolique. Mis à part, donc, l'aspect clinique que je n'ai pas compétence pour juger, cette part de vérité me semble résider en une continuité cachée du bien et du sacré dans l'histoire de chacun, comme dans l'histoire collective des peuples. C'est en remontant, par la mémoire et la parole, à l'instant où le fil du bien a été coupé, que certaines situations se débloquent. Avant d'être charismatique, le premier pouvoir d'exorcisme que le Seigneur donne à l'homme est celui de la mémoire et de la parole.

Remarquons, en passant, que cette part de vérité de la psychanalyse rejoint d'autres conclusions des sciences exactes. Son observation et sa méditation sur les mystères de l'évolution ont fait dire au naturaliste Teilhard de Chardin que « *la vie avançait en écaille* ».

Tout au long de cet opuscule qui maintenant s'achève, un secret espoir m'a guidé, celui d'inciter les musulmans eux-mêmes à remonter dans le temps, à se pencher sur cet instant où un homme s'interrogeait, face à l'immense ciel d'Arabie criblé d'étoiles. « *Le véritable "dhikr" est celui qui retourne le souvenir en avenir* », disait Jacques Berque, cet ami du

Maghreb et de ses habitants. Pareillement, un proverbe arabe invite l'homme courageux « *à faire remonter les fleuves vers les sources* ».

Se trouvera-t-il des musulmans qui aiment assez leur peuple et Dieu pour aller jusque là ?

Je conclurai cette introduction sur la mémoire et ses mystères en évoquant un village de Kabylie, une Kabylie que je n'ai pas visitée et que je ne souhaite pas tout à fait connaître, tant elle m'apparaît sauvage, âpre et belle, parée de la magie de l'inconnu. Ne faut-il pas se réserver des cadeaux pour l'autre face de la vie ?

Il est, en Kabylie, un petit village qui doit s'appeler quelque chose comme « *Tawrirt n-At-Margellat* ». Dans le petit cimetière qui offre sa mosaïque blanche aux silences du temps, une tombe est entretenue depuis des siècles. Cette tombe renferme le corps d'un homme appelé par la population locale « l'homme de la demi-formule », ou encore « *Bou-noç-echahada* ». Quand « les cavaliers d'Allah » sont arrivés, cet homme fut invité à prononcer la profession de foi musulmane, la « *chahada* ». L'homme était-il chrétien, ou simplement peu désireux d'adhérer à une religion nouvelle sans se donner le temps de réfléchir ? Toujours est-il qu'il refusa de prononcer la formule dans son intégrité : « *Je confesse qu'il n'y a d'autre dieu que Dieu et que Muhammad est son prophète* ». Il s'obstina à ne pas reconnaître la qualité de prophète divin à Muhammad et pour cela il fut mis à mort. Depuis, sa tombe est entretenue.

Est-ce seulement parce qu'il se montra courageux ?

L'EXTRAORDINAIRE MOSAÏQUE DES RESSEMBLANCES

Je devais retourner à Tunis après que j'eus terminé une première rédaction de ce travail. Mon coeur était encombré de ce que j'avais découvert comme possible et c'était comme si je portais un lourd secret. Le sujet était trop brûlant pour en débattre avec ceux que je rencontrais ou qui m'accueillaient. Cela eût été une offense à l'hospitalité qui m'était accordée.

Au fond de moi, pourtant, j'espérais un signe. Mes intuitions étaient-elles vraies ? Etait-il opportun de persévérer dans ma recherche ?

Ce signe, me semble-t-il, m'a été donné à quelques heures de mon retour en France. Mes valises étaient déjà posées dans le hall d'entrée, prêtes au départ. Tandis que je prenais mon petit-déjeuner, mon hôte s'avança vers moi et s'exclama : « *Regardez cette chose rare. Ce pied de basilic a poussé ses racines dans l'eau et, pourtant, il est vigoureux. Je ne comprends pas comment cela a pu se produire, mais maintenant, je vais le planter dans la bonne terre* ».

Comment, si la révélation coranique ne vient pas de Dieu, a-t-elle pu donner naissance et forme a une plante si vigoureuse ? Et si Dieu ne l'a pas suscitée, pourquoi, du moins, l'a-t-il permise ?

Ce sont là des questions auxquelles je n'aurais pas l'outrecuidance d'apporter de réponses précises.

Commençons, dans un premier temps, par dresser une brève rétrospective des analogies entre les Ecritures qui participent des traditions bibliques et musulmanes. C'est là une clé pour mieux comprendre la grandeur et la vérité de ce que les musulmans ont pu tirer de la révélation coranique.

Une première ressemblance a trait à ce qu'on pourrait appeler « l'entrée en matière » de la révélation coranique.

Dans une période d'incertitude et d'anarchie religieuse, où la coutume était cruelle aux faibles – souvenons-nous que parfois les nouveau-nés de sexe féminin étaient enterrés vivants – « le choix de Dieu » se porte sur un homme pur, sincère et pieux, désireux de servir. La reconnaissance du rôle futur de Muhammad par le vieillard Bahîra ressemble à la joie et à la prophétie du vieillard Syméon, quand l'enfant Jésus lui fut présenté au temple par Joseph et Marie, mais aussi au choix de David par Samuel, puisqu'on s'en alla chercher Muhammad parmi les troupeaux de la caravane qoraïchite. Plus tard, vint aussi « de la part de Dieu », le rappel du prix qu'eurent à payer les prophètes de l'Ancienne Alliance pour accomplir leur mission.

Les références coraniques aux prophètes, tout au moins à certains d'entre eux, constituent un autre élément de ressemblance. De grands prophètes bibliques comme Daniel, Ezechiel, Isaïe ou Jérémie, sont « oubliés ». Est-ce parce qu'ils ne se sont pas contentés d'annoncer l'unicité de Dieu, mais ont aussi appelé à une religion de l'intériorité, loin de l'obéissance aveugle à la Loi ? Ou est-ce par ignorance ? Le verset 164 de la sourate 4 : « Les Femmes » fait mention de cette « histoire incomplète ». Presque tous les prophètes de la Bible cités dans le Coran peuvent être retrouvés dans les versets 83 à 86 de la sourate 6 : « Les bestiaux ».

Tel est l'argument que Nous accordâmes à Abraham contre son peuple. Nous élevons en haut rang qui Nous voulons. Oui, ton Seigneur est sage, savant. Et Nous lui avons donné Isaac et Jacob ; Nous les avons tous guidés. Et quant à Noé, Nous l'avons guidé auparavant, tout comme, parmi sa descendance, David, et Salomon, et Job, et Joseph, et Moïse, et Aaron. Et c'est ainsi que Nous récompensons les bienfaisants. De même, Zacharie, et Jean-Baptiste, et Jésus, et Elie, chacun étant du nombre des gens de bien. De même, Ismaël, et Elisée, et Jonas, et Loth.

Parmi toutes ces figures, celles d'Abraham et de Moïse prédominent. L'histoire de l'Exode donne à la ressemblance historique d'atteindre des sommets impressionnants. On trouve en effet dans le Coran des évocations des souffrances des Hébreux en Egypte, du passage de la Mer Rouge, de la montée de Moïse au Sinaï et des signes grandioses qui accompagnèrent cette ascension, de l'épisode du veau d'or, de la grogne des Hébreux et de leur nostalgie des bons plats égyptiens, ainsi que de la providence divine concrétisée par la manne et les cailles. Il n'est pas jusqu'à l'épisode d'une vache à sacrifier qui n'y figure, épisode pour lequel deux textes bibliques très différents, celui du Deuteronome XXI, versets 1 à 9 et celui des Nombres XIX, versets 1 à 10, semblent avoir été synthétisés.

Le principal élément de ressemblance concerne, bien sûr, tout ce qui, de l'ordre de la parole et de l'enseignement divin, reprend, dans le Coran, une parole de l'Ancienne ou de la Nouvelle Alliance. Quelques exemples de cette ressemblance ont été évoqués dans le chapitre III, mais le champ en est si immense, si diffus, qu'on ne peut le recenser dans sa totalité. Donnons seulement trois exemples.

Les dix commandements reçus par Moïse au Sinaï peuvent être retrouvés, un à un. Ils sont même douze dans le Coran. Ainsi le verset 23 de la sourate 17 : « Le voyage nocturne » reprend, à sa manière, le premier et le quatrième de ces commandements.

Et voilà que ton Seigneur a décrété : « N'adorez que Lui ». De la bonté envers les pères et mères : si l'un d'eux ou tous deux doivent atteindre la vieillesse près de toi, alors ne leur dis point : « Fi ! » et ne les repousse pas, mais dis-leur noble parole.

Jésus a affirmé sans ambages la primauté de la vie de l'âme sur celle du corps. Dans le cas de tentations incoercibles, cette affirmation va loin, comme le laisse entendre le verset 43 du chapitre IX de l'Evangile de Marc.

Si ta main est pour toi une occasion de chute, coupe-la.

Mieux vaut pour toi entrer manchot dans la vie éternelle, que d'avoir les deux mains et d'aller dans la géhenne, le feu qui ne s'éteint pas.

Au verset 38 de la sourate 5 : « Le plateau servi », le Coran parle aussi d'une main à couper.

Quant au voleur et à la voleuse, à tous deux coupez la main, en récompense de ce qu'ils se sont acquis, en punition de la part de Dieu. Et Dieu est puissant, sage.

Le verset évangélique met le pécheur devant sa responsabilité personnelle, tandis que le verset coranique invite la société à couper la main du voleur au nom de Dieu. La différence est sensible.

Le dernier exemple relève d'une prophétie de Muhammad, rapportée par Omar Sharîk, sur la fin des temps. Bien que cette prophétie s'insère dans un contexte « terrestre », où apparaissent tout à la fois le Christ de la Parousie et la fin du règne des Qoraïchites, on peut remarquer l'extraordinaire ressemblance avec la prophétie biblique rapportée aux versets 6 à 9 du chapitre XI du Livre d'Isaïe. Voici ces deux prophéties, disposées à la suite.

« La haine et la jalousie disparaîtront de la surface de la terre ainsi que toutes les sources de conflits et l'on verra le nouveau-né mettre la main à la bouche du serpent sans qu'il cherche à le piquer, la petite fille provoquera le lion sans qu'il lui fasse de tort et le loup sera comme le chien du berger au milieu du troupeau. La terre sera emplie de paix comme un récipient se remplit d'eau. La concorde sera générale et Seul Dieu sera adoré ».

Le loup habitera avec l'agneau, la panthère gîtera avec le chevreau ; veau, lion et bête à l'engrais seront ensemble, et un jeune enfant les conduira.

La vache et l'ourse paîtront ensemble, leurs petits gîteront ensemble ; et le lion comme le boeuf mangera du fourrage. Le nourrisson jouera sur le trou de la vipère, et dans le repaire du basilic, l'enfant à peine sevré mettra sa

main. On ne verra pas de mal ni de corruption sur toute ma montagne sainte, car le pays sera rempli de la connaissance de Yahweh, comme le fond des mers par les eaux qui le couvrent.

Mais encore! Dans le verset 13 de la sourate 57 : « Le fer », nous pourrions trouver trace de la parabole des vierges folles et des vierges sages rapportée par Matthieu dans les premiers versets du chapitre XXV. Nous pourrions mettre en parallèle le verset 12 du chapitre I de la première épitre à Timothée de l'apôtre Paul avec le verset 34 de la sourate 4 : « Les femmes », quant au rôle de l'homme par rapport à la femme...

Rappelons la place exceptionnelle accordée à Jésus et Marie dans la révélation coranique. Jésus, en particulier, a une figure surnaturelle, depuis sa naissance virginale reconnue, jusqu'à son titre de « **Parole de Dieu** » : « *Kalimat Allah* », qui ressort du verset 45 de la sourate 3 : « La famille d'Amran », ainsi que du verset 171 de la sourate 4 : « Les femmes », qui parle même d'« **Esprit de Dieu** » : « *rûh min Allah* ». Le Coran contient même une allusion à l'Eucharistie aux versets 112 à 115 de la sourate 5 : « Le Plateau Servi ». Les apôtres de Jésus lui demandent de faire descendre du ciel une « *mâ'ida* », une table garnie d'un repas, pour leur assurer qu'il est bien envoyé par Dieu. Jésus demande cela à Dieu, qui promet de faire descendre cette mâ'ida. On relève, dans ce texte, que cette mâ'ida est un « **don du ciel** », qu'elle sera, jusqu'à la fin des temps – « **pour les premiers et les derniers** » – une « fête » : « *aîd* », mot qui, en arabe, désigne une fête qui « revient » périodiquement, allusion possible à Pâques et à chaque dimanche. Enfin cette mâ'ida apporte la paix profonde des coeurs : « *tuma'nina* » à ceux qui en mangeront, et ceux-ci doivent en témoigner.

Pourtant, le visage coranique de Jésus semble jouer un moindre rôle que celui de Marie. Le Coran revient plusieurs fois sur la vertu de Marie, choisie, purifiée et comblée de grâces par Dieu. Deux traits caractérisent Marie : vierge et croyante. Aucune femme, de très loin, n'a droit à de tels éloges. Non seulement la figure coranique de Marie est substantiellement fidèle à sa figure évangélique, mis à part quelques détails secondaires et abstraction faite, bien sûr, de la qualité de Mère de Dieu, mais jamais, sans doute, le Coran ne s'est approché aussi près du mystère chrétien, beaucoup plus près que dans le cas de Jésus. Signalons une curieuse rencontre avec ce qui deviendra chez les chrétiens le dogme de l'Immaculée Conception. Un hadith de la Sunna affirme que « *tout nouveau-né est touché par le démon à sa naissance, sauf Marie et son fils* ».

Cette extraordinaire analogie du message coranique avec certains aspects de la religion chrétienne renforcèrent, d'abord, mon opinion et dissipèrent mes doutes sur l'origine surnaturelle du Coran : une telle quantité de détails si précis ne pouvaient venir d'une réminiscence de Muhammad, fût-elle inconsciente. N'oublions pas que Muhammad était un berger, illettré à l'origine, même s'il ne le fut vraisemblablement pas à la fin de sa vie. Que certaines réminiscences judéo-chrétiennes aient joué leur rôle, que la frustration d'un orphelin désireux au fond de lui de prendre sa revanche sur la vie ait aussi contribué à son ascension, peut-être. Mais cela ne m'apparaît pas, aujourd'hui, comme un faisceau de causes essentielles. Si « une conversation à travers une porte » a pu être perçue, cela m'apparaît plus le fait de l'inspirateur de Muhammad que de Muhammad lui-même, transmetteur neutre, comme il l'affirme lui-même.

Arrêtons-nous pour émettre quelques réflexions plus générales sur cette origine surnaturelle du Coran, en commençant par une anecdote récente. On doit à Jacques Berque, cet universitaire récemment disparu, une bonne traduction du Livre

Saint des musulmans. Or, il semble que ce soit la lecture – et la relecture – des pages du Coran qui ait fini par « desceller » le rationalisme pur et dur de l'homme.

On a souvent soupçonné Muhammad d'avoir pris une partie de son inspiration dans les évangiles apocryphes, ou plus généralement dans le courant gnostique ou manichéiste. Ainsi, le verset 6 de la sourate 61 : « Le rang » et, dans une moindre mesure, le verset 129 de la sourate 2 : « La vache » ressemblent beaucoup à l'attribution du titre de « Paraclet » au prophète Manès, dont les adeptes existaient en Arabie au temps de Muhammad.

Plutôt que de voir une relation directe et seulement humaine entre tous ces courants religieux, dont l'un, l'Islam, a « réussi », il m'apparaît que, peut-être, ces courants se ressemblent parce qu'ils ont la même source surnaturelle. J'appuie cette intuition sur une observation psychologique dont chacun, aujourd'hui, peut être l'auteur ou le récepteur. Nous sommes ainsi faits que, face aux désordres des sociétés humaines, nous cherchons une cohérence, une action concertée. Selon les sensibilités, ce sera un complot de la C.I.A., du communisme ou du capitalisme international, des Juifs ou du Vatican... Le plus souvent, cette concertation soupçonnée n'existe pas au niveau humain mais peut-être existe-t-elle au niveau métaphysique.

La même quantité de détails et d'éléments de convergence si précis entre les écritures bibliques et le texte coranique m'amenait à préciser mon intuition. Ce n'était pas « une conversation », mais « mille conversations à travers mille portes » qui avaient été écoutées. Celui qui avait patiemment synthétisé toutes ces informations pour les dicter à Muhammad n'était pas un ange banal. Il y avait un génie là-dessous.

Mais était-ce un génie du bien ou un génie du mal ?

POURQUOI?

Si la révélation reçue par Muhammad ne vient pas directement de Dieu, pourquoi Celui-ci l'aurait-il permise?

Une réponse précise à cette question dépasse l'entendement humain et frôle le sacrilège. Que ce soit dans notre histoire ou dans l'Histoire, Dieu est libre et nous ne comprenons pas toujours ses desseins. Ce n'est qu'après coup, parfois...

On peut, toutefois, entrevoir quelques pistes de réponse, quelques... « raisons » divines.

Il en est une qui concerne le peuple arabe de l'époque et, ultérieurement, tous les peuples qui, par l'Islam, ont trouvé une unité culturelle. Fut-elle revue et corrigée par de mystérieux intermédiaires célestes, fut-elle « réfléchie », la parole contenue dans le Coran ne demeure-t-elle pas d'origine divine? Capable donc d'orienter, de fédérer, de « donner sens ». Aujourd'hui encore, beaucoup de peuples soumis à des croyances où l'irrationnel domine, trouvent en l'Islam une voie vers le Dieu Unique, par le biais d'une morale biblique élémentaire. Les cinq piliers de l'Islam sont une merveille de simplicité.

Comme nous le suggérerons ultérieurement, une autre « raison », plus universelle, a peut-être trait à l'histoire même du Salut et aux faiblesses de ceux à qui le Seigneur a confié le sacrement de l'unité du genre humain : le peuple des baptisés.

Au fil du temps et de mes méditations solitaires, une autre « raison » m'est apparue, plus imprécise, autant que l'on puisse parler de raison pour parler des sentiments de Dieu, car notre Créateur est d'abord un coeur qui aime, mais qui n'aime pas indistinctement.

Dieu n'a jamais cessé d'aimer son enfant premier-choisi, le peuple juif et de brûler d'impatience de le voir revenir à Lui en reconnaissant la fleur divine éclose en sa propre race. Aujourd'hui même, l'extraordinaire dynamisme juif, s'il s'explique par le mérite des intéressés, s'explique peut-être aussi par le mouvement d'un Père heureux de voir son enfant reprendre sa place dans le dialogue des nations. Ce qui se vit depuis un siècle entre les Juifs et les autres nations s'éclaire par la parabole de l'enfant prodigue.

La souffance de Dieu de ne pas se voir reconnu par les Juifs aurait-elle désarmé le Seigneur ? Aurait-il consenti à ce que surgisse, en la multitude musulmane, un contre-poids au Judaïsme, si différent, et si proche par la seule référence à la loi mosaïque ? S'il y a une part de vérité dans le proverbe : *« Qui aime bien châtie bien »*, cette part ne doit pas être comprise au sens d'une punition mais au sens de ce que l'amour vrai désarme.

Il nous faut rendre grâce de la lente convergence qui s'opère aujourd'hui chez les hommes de bonne volonté des trois grandes religions monothéistes.

Chapitre X

CONFIANCE!

Cette extraordinaire analogie entre les Ecritures bibliques et la révélation coranique, analogie évoquée dans le chapitre qui précède, a suscité ensuite en moi deux autres réflexions, contradictoires, qui s'entremêlent intimement dans l'histoire d'hier et celle d'aujourd'hui.

Ne nous leurrons pas sur cette ressemblance. Elle cache l'essentiel : le Christ a pris sur lui notre mal originel, l'a porté sur le bois de la Croix et nous offre, en une totale gratuité, de vivre de sa vie de ressuscité.

Quelles étaient alors les motivations profondes de « l'ange » qui inspira Muhammad ou de celui qui le délégua? Est-il allé jusqu'à accorder beaucoup pour mieux cacher l'essentiel : le don radical que Dieu nous fit en Jésus et qui, seul, change notre condition humaine en profondeur. Un mensonge n'est-il pas plus convaincant quand il est enfermé entre deux vérités? Et tout cela pour mieux tromper les hommes sincères et les diviser. S'éclairerait alors cette parole du verset 22 de la sourate 14 : « Abraham » qui fait dire au Malin :

Et quelle autorité aurais-je sur vous? Sinon que je vous ai

appelés, puis vous m'avez répondu. Ne me faites donc pas de reproches, mais faites vous-en à vous mêmes.

Cette hypothèse de l'origine satanique du Coran ne me semble pas, honnêtement, devoir être exclue. N'avons-nous pas trop tendance, nous les humains, à négliger les explications simples ?

Gardons-nous de conclure. A l'issue de ce travail, il m'apparaît plus important de poser la question de l'origine divine du Coran plutôt que d'en connaître l'origine exacte. L'ange qui inspira Muhammad était-il trop éloigné de Dieu pour connaître la plénitude du don que Celui-ci nous consentit ? Etait-il un monstre de malignité ou un simple ignorant égaré dans la troupe céleste ? Ai-je trop négligé le possible d'un ange incomplètement informé plutôt que mensonger ? Les démons connaissent-ils, d'ailleurs, la véritable nature du Christ ? Les paroles qui leur sont attribuées dans l'Evangile : *« Nous savons que tu es le Saint de Dieu »*, ne prouvent pas nécessairement qu'ils avaient reconnu, en Celui qui les expulsait du corps de l'homme malade, le Verbe Incarné. Faut-il négliger l'hypothèse la plus osée, qui laisse penser que certains anges déchus, voire leur chef, souhaitent réintégrer la Famille Divine et que Dieu leur a permis cette médiation ?

Et pourtant, c'est en cette ressemblance, humaniste pourrait-on dire, entre les écritures bibliques et coraniques que s'éclaire la belle et vraie spiritualité qu'ont développée les musulmans.

Car on peut, me semble-t-il, développer une spiritualité vraie à partir d'une religion fausse, comme d'ailleurs le contraire. Prenons une simple comparaison. Un tableau de peinture, qui est en réalité une imitation d'une oeuvre de maître, n'est-il pas capable d'inspirer celui qui a soif d'apprendre à peindre ? Et que dire quand l'imitation est géniale ?

Mais encore. La parole du Coran, en ce qu'elle a de vrai, se marie alors à tout un ensemble de causes mêlées pour donner lieu à une réalité culturelle et sociale qui peut être aujourd'hui bien différente de ce qui lui a servi de tuteur.

La plus simple de ces causes, la plus naturelle, est le bon sens des musulmans. Comme tout un chacun sur terre, ils sont capables d'en prendre et d'en laisser. Et il faut convenir que, sous tous les cieux, l'homme cherche d'abord, dans la religion, une morale qui lui permette de se relier aux autres plutôt qu'à Dieu...

Il y a, en second lieu, le poids de l'histoire qui a fait s'interpénétrer les cultures, une histoire dans laquelle, au travers des désordres apparents, Dieu continue à créer l'homme.

Par-dessus tout, il y a la promesse faite à Abraham et Dieu ne reprend pas ce qu'il donne. Cette ligne de partage entre le bien et le mal, entre l'erreur et la vérité, à l'intérieur même de chacun de soi, ligne de partage dont la Bible fait souvent mention, se réfléchit peut-être dans la tonalité différente du Coran et des hadiths. A l'intérieur même du Coran, cette ligne de partage est là. Plutôt qu'avoir accordé du bien pour mieux cacher le bien suprême, l'ange qui inspira Muhammad n'a peut-être pas pu aller trop loin pour ne pas brusquer son interlocuteur.

Cela est une vraie question. S'il s'avère que la révélation coranique relève d'une initiative autre que divine, d'où vient le bien contenu dans le Coran ? A-t-il été accordé par celui qui inspira Muhammad pour mieux cacher le bien suprême : le don que Dieu nous a fait en son Fils Jésus, pour mieux tromper, ou vient-il d'une part de Muhammad protégée par Dieu ?

Curieusement, cette part irréductible que Muhammad aurait su préserver de l'influence de son inspirateur est pressentie par la tradition soufie. Cette tradition, toutefois, exprime cette intuition en allant jusqu'à dire que le prophète a dispensé un enseignement caché à certains de ses disciples. C'est peut-être là, cependant, mêler le conscient et l'inconscient.

Ajoutons à toutes ces raisons, compréhensibles, la plus paradoxale, la plus extraordinaire, manifestant ce qui est vraiment la Toute-Puissance de notre Créateur : d'une appropriation qu'Il n'a pas voulu, et dont Il a souffert avec et autant que ses enfants, la bonté de Dieu peut faire un bien. Sans que, pour autant, le mensonge ne demeure pas mensonge, source de souffances, tant qu'il n'est pas éclairé. L'histoire du Salut dans son ensemble, qui passe douloureusement par l'histoire des nations, ne fait-elle pas apparaître une ressemblance avec l'homéopathie, ou le vaccin, qui, en médecine, se sert du mal pour guérir ? Dans cet esprit, il est un mystérieux passage de l'Evangile de Luc qui me semble bien éclairer le paradoxe de l'Islam et de sa lente transformation. Aux versets 21 et 22 du chapitre XI, il est question d'un homme fort qui garde un palais avec des armes et d'un plus fort qui advient et qui finit par triompher du premier en lui prenant tout l'armement en qui il mettait sa confiance.

Prenons un exemple. L'exégèse contemporaine, et en particulier le remarquable livre de Jacqueline Chabbi : *« Le Seigneur des tribus. L'Islam de Mahomet »*, semble bien confirmer que la revendication de la paternité d'Abraham, apparue assez tard dans le Coran, est un « emprunt » qui n'a pas vraiment de fondement historique. Et pourtant, peu contestent aujourd'hui que nous soyons « frères en Abraham ». Comment expliquer ce paradoxe ? Peut-être en imaginant que Celui qui veut réunir ses enfants utilise ce que l'Adversaire avait inventé de plus sûr pour asseoir sa nouvelle religion. Ce dernier aurait été pris à son propre piège, en quelque sorte.

Aussi ne nous étonnons pas que celui qui a appris à peindre à partir d'un modèle ambigu devienne parfois, un excellent artiste. Qui peut, à l'occasion, apprendre ou réapprendre à d'autres à peindre.

Cet ensemble de causes évoquées laissent pressentir combien

les musulmans peuvent, aujourd'hui et demain encore, non seulement grandir en charité dans leur propre religion, si elle est vécue pacifiquement, mais encore participer à ce qui rend l'homme plus humain.

N'oublions pas le bon sens. Le terme religion recouvre des réalités différentes. C'est tout à la fois la mémoire, la croyance et les moeurs. Une bonne logique veut que, de la croyance, procède peu ou prou l'évolution des moeurs. Pour ce qui concerne le Judaïsme et l'Islam, la force de la mémoire est telle que l'inverse peut être vrai. On peut penser que c'est l'évolution des moeurs qui infléchit la croyance et prépare les coeurs de certains au miracle d'un Dieu qui vint habiter parmi nous. Près de cinquante ans après avoir quitté le pays de mon enfance, la Tunisie, je suis admiratif et reconnaissant de sa lente transformation, de ce que les rapports humains ont gagné en fluidité, de l'importance que la personne a gagné par rapport au groupe. Aussi, quand bien même l'intuition qui court tout au long de ce livre serait fondée, à savoir que Muhammad a été trompé, on peut penser que le Seigneur, par égard pour ses enfants, permet que la purification se fasse, pour l'essentiel, de l'intérieur. En dépit des violences qui existent, hélas, ici ou là, c'est ce qui se passe effectivement. Nous retrouvons là le mystère du Christ se présentant comme l'alpha et l'oméga, le début ou le terme d'une histoire. Nous retrouvons là la prédiction musulmane du retour du Christ à la fin du temps.

LA LIBERTÉ RELIGIEUSE, MOYEN DE LA PAIX

Voici que ce livre touche à sa fin. Je me suis attaché à y poser la question de l'origine divine du Coran, pour mieux servir le seul Islam auquel je sois attaché, celui de femmes, d'hommes et d'enfants, qui ont des noms et des visages, et dont j'ai éprouvé la bonté. J'ai bien conscience, cependant, de tout ce qui me sépare de ceux à qui je m'adresse et de l'attachement légitime des musulmans à une parole à partir de laquelle un univers, leur univers, a pris forme. J'ai bien conscience que les arches de la continuité historique que j'ai esquissées sont menues et totalement occultées. Il y a d'un côté le doute qui a saisi Muhammad deux ans durant sur la nature réelle de l'ange qui lui était apparu. Il y a d'un autre côté, en face, le scepticisme de certains Mekkois soupçonnant Muhammad d'avoir été « envoûté ». Cela paraît bien léger et pourtant…

L'Histoire toute entière regorge d'exemples où un pays livré à l'anarchie religieuse et à la décadence morale suscite un « démon » plus fort que les autres qui saura retourner à son profit et fédérer les tendances désordonnées des uns et des autres. L'Europe du XXe siècle en a fait la cruelle expérience sur le plan politique. Dans le cas qui nous intéresse, cela va beaucoup plus loin que la politique…

Pour autant, la vérité est têtue. Elle est un peu comme la tunique sans couture dont le Christ était revêtu sur la colline du Golgotha. Que les divisions internes des Mekkois ne les livrent à plus fort qu'eux, et que ne se résolve en une nouvelle religion la contradiction souvent apparente qui les séparait de Muhammad, empêcherait-il que quelques intuitions vraies ne se soient exprimées dans la tempête ?

Il existe, cependant, une autre continuité historique, plus palpable celle-là, c'est… celle du pain partagé. Il existe un autre djihad que la guerre sainte, c'est celui que mènent ensemble des milliers d'hommes aujourd'hui en France et au Maghreb dans les stades, dans les universités, dans les laboratoires, sur les cimes, luttant avec eux-mêmes pour se dépasser dans des oeuvres de paix. Tenues vestimentaires, habitudes alimentaires, rythmes de vie scolaire et professionnels, réunions familiales, les modes de vie se rapprochent aujourd'hui vertigineusement de part et d'autre de la Méditerranée. Dans un demi-siècle, qu'y aura-t-il de si différent entre Marseille et Tunis ? On peut s'effrayer de cette uniformisation, elle est là pourtant. La modernité est faite d'ombre et de lumière. Cette modernité charrie une conquête irrévocable : la « vérité » religieuse est une révélation trop personnelle et trop intime pour être imposée collectivement. La foi est un puzzle dont les morceaux sont la vie, mais ces morceaux sont si ténus, parfois, qu'ils ne sont pas communicables. Ce livre se veut aussi un plaidoyer pour la laïcité et le pluralisme religieux.

Comme tout bien, la laïcité peut nous cacher la source du bien. Comme tout moyen, la laïcité peut devenir un but. Notre coeur, lui, n'est pas fait pour être laïc. En Occident, hélas, tolérance, liberté et laïcité servent chez beaucoup d'alibis à une paresse spirituelle, et deviennent parfois des idoles. Mais cela met-il en cause le bien-fondé de cette avancée, qui renvoie chacun à l'exercice de sa liberté ?

La laïcité des institutions est un peu comme le point-mort d'une voiture. En lui-même, il ne permet pas d'avancer. Mais pour changer de vitesse, pour trouver celle qui nous convient, à l'intérieur même de notre propre religion parfois, voire pour passer momentanément la marche-arrière, on ne peut se passer du point mort.

Il existe aujourd'hui des « musulmans » dans le monde qui ne songent à renier ni leur appartenance ethnique, ni leur appartenance culturelle, mais qui ont pris du recul par rapport à toute « révélation », quelle qu'elle soit. Ceci par prudence, par honnêteté intellectuelle, pour se ménager un espace de liberté intérieure qui leur permettra d'y voir plus clair. Ils souhaitent servir leur pays et ce pays en aura besoin.

Il y a aussi les « musulmans » qui restent croyants mais qui se réfèrent à l'humanisme commun aux trois religions du Livre. Le monde est un vaste chantier où la vie sociale s'organisera progressivement autours des valeurs communes à la Thora, aux Evangiles et au Coran.

Il y a enfin les « musulmans » qui ne renient ni leur appartenance ethnique, ni leur histoire, ni les valeurs transportées par leur tradition, mais qui ont découvert en Jésus un autre personnage qu'un prophète. Ceux-là aussi souhaitent servir leur pays et ce pays en aura besoin.

Tous ceux-là ne seront vraiment sécurisés que s'ils se sentent protégés par des lois. La loi divine de la charité ne peut se passer de la loi humaine du juste droit, celui de choisir sa religion.

S'avancer vers la laïcité des institutions est aussi le meilleur calcul pour ceux des responsables musulmans qui aiment leur peuple et veulent le préserver du pire. Le marxisme était bâti sur une erreur, il a fini par s'effondrer. L'Islam est plus solide parce que ses racines sont surnaturelles et qu'il charrie une morale biblique. Mais, au delà des désordres apparents, l'Esprit de Vérité travaille le monde.

Les savants nous disent qu'en dépit de l'érosion et de l'assaut des éléments déchaînés dont ses sommets sont l'objet, les Alpes continuent de grandir. Très lentement, certes, invisiblement, les Alpes continuent de grandir!

Ainsi en est-il, je crois, de notre humanité déchirée.

NOUS AVONS BESOIN LES UNS DES AUTRES

Car il ne faut pas se tromper d'adversaire. L'adversaire n'est pas l'Islam. Le Tentateur est constamment et partout à l'oeuvre et il trouve des complicités dans la nature pécheresse de l'homme. Dans notre Occident de l'an 2000, ses oeuvres sont florissantes. Culte de l'argent, du sexe, du « Moi », de la vie où il fait bon s'installer et prendre ses aises, culte de la mort à l'occasion, les idoles ont-elles jamais été si vivaces, après celle de la Race et celle de l'Homme? En un siècle où l'éloignement de la nature nous prive de la patience et de la régulation que son dur labeur apportait à l'homme, le pas est vite franchi de la contemplation à la fascination, à commencer par celle qu'exerce la Science. Comment entendre la voix et le message simple de l'homme de Galilée, dans un pareil tintamarre?

Dans un chapitre précédent, nous avons évoqué les « esprits ». Il serait présomptueux de croire que ces esprits ne sont actifs que dans des phénomènes que l'on désigne du doigt comme les sectes, la voyance ou autres jeux de rôle... En réalité, les « mauvais esprits » sont là dans tout ce qui empêche l'homme de penser librement. Et leur voix n'est jamais si puissante que lorsqu'elle s'insère, à l'occasion, dans un discours tout à fait rationnel comme celui des idéologies ou des médias.

Devant de telles menaces, les croyants ne peuvent qu'essayer de s'unir pour sauvegarder ce qui peut être sauvé. La rencontre inter-religieuse qui eut lieu à Assise le 27 octobre 1986 est un signe d'espérance.

Dans cette dernière foulée vers laquelle s'avance lentement l'histoire de l'humanité, comment nous passer de ce que nous pouvons recevoir d'un Islam vécu pacifiquement et de ce que charrient la tradition, les hommes et les valeurs de cette religion, en un mot, de leur culture?

Le compagnonnage avec des musulmans a un effet décapant pour le chrétien, et provoque, à terme, des impressions contradictoires. On pressent, indistinctement, combien la tradition musulmane est un garde-fou contre toute forme d'idolâtrie. On pressent aussi qu'une certaine idolâtrie est reliée inévitablement au Mystère de l'Incarnation. Si Dieu a pris le risque de se faire l'un de nous, et perdure à être Vivant, comment éviter que la rencontre humaine ne soit, parfois, poétisée à l'excès? Comment ne pas confondre le message et le messager? Si Dieu s'est abaissé jusqu'à se faire nourriture matérialisée, comment éviter que la matière cache parfois à l'homme l'Esprit qui l'anime ?

En la belle province de France où il m'est échu de vivre, il est une église cachée qui, au dessus de ses deux portails d'entrée, exprime dans la pierre une réflexion plus profonde qu'il n'y paraît. On peut y lire :

À tout heure, aux méchants
Dieu prodigue ses dons
Son soleil luit sur eux
Ainsi que sur les bons

Le soleil luit pour tous
Verse ses faveurs sur une âme infidèle
Que l'abus de ses dons
Rendra plus criminelle.

Oui, le débordement même dont nous sommes comblés par ce Dieu qui vient habiter parmi nous, peut nous aveugler. L'Islam est là, alors, qui nous ramène à l'essentiel et, parfois… à l'originalité de notre foi chrétienne, à la solidité cachée de l'Eglise, invisiblement portée par son Fondateur. Racontée par Antoine de Saint Exupéry dans son livre « *Terre des Hommes* », une image m'est chère. Echoué au plus profond des sables, un aviateur en détresse est sauvé de la soif par un bédouin. L'un possède la technique, l'autre n'a que de l'eau, mais… il est là.

Tout cet aspect positif de l'Islam comme culture n'empêchera pas certains de s'interroger sur l'origine divine de la révélation coranique.

En « permettant » L'Islam, Dieu a peut-être permis une initiative ne venant pas de Lui, dont Il savait qu'Il tirerait un parti constructif. Il me semble, cependant, que quand Dieu permet cela, c'est pour un temps seulement. Le temps est-il venu pour Lui, de « permettre » que le voile soit levé ? L'Islam comme culture est-il devenu assez assuré pour que certains envisagent de le replanter dans une terre plus sûre ?

Quand une maison est bâtie sur des fondations douteuses, tôt ou tard des craquements se font sentir. Les plus lucides de ses occupants, les plus humbles de coeur, pas nécessairement les plus nombreux, emportent alors précautionneusement le plus précieux du mobilier vers une autre maison. Une maison dont les fondations sont éternelles : « **J'ai encore d'autres brebis qui ne sont pas de cette bergerie. Celles-ci aussi, il faut que je les amène. Elles entendront ma voix et il n'y aura qu'un seul troupeau, un seul pasteur** ».

Le Livre lui-même, ce Livre par lequel tout est arrivé, mérite d'être emporté et de conserver son nom de Sacré. Car le mot sacré est relié à celui de sacrifice. Si le Coran n'est pas rendu sacré par le sacrifice librement consenti de Dieu, qui seul nous allège, il l'est d'abord par la multitude de ceux qui ont pris sur eux le substitut de ce sacrifice et, en particulier, les femmes. Mais le Coran est rendu sacré par la multitude de ceux qui, d'un coeur pur, en ont suivi les préceptes altruistes jusqu'à donner leur vie pour le Livre. Leur sacrifice mérite respect car Dieu regarde notre coeur avant de regarder nos croyances. Le Livre mérite respect.

CONCLUSION

Le problème soulevé dans les pages qui précèdent est si complexe, si énorme, que je n'ose trop conclure. Je n'ai fait que l'effleurer.

Je souhaite que les musulmans qui me lisent ne retiennent pas que les aspects d'un livre qui pourraient les offenser. Seul l'avenir pourra, ensemble, nous éclairer sur le bien-fondé d'une intuition, qui, en toute honnêteté, ne me semble pas devoir être écartée.

Je crois que le Coran n'est pas inspiré directement par Dieu, mais que l'usage qu'ont pu en faire beaucoup de musulmans, hier et aujourd'hui, est marqué par l'Esprit de Dieu. Pour être honnête, je dois dire que cette opinion m'est plus dictée par l'Histoire que par la recherche qui précède.

Car si l'Islam a porté de bons fruits, d'autres sont beaucoup plus équivoques. Le discernement dont je livre les étapes dans ce livre n'a fait, en somme, que me confirmer mes doutes et une clé de lecture des événements m'a été révélée comme possible.

Je rends grâce aussi au Seigneur de ce que Muhammad n'est plus pour moi un étranger. J'ai découvert un homme attachant par certains côtés, presque un ami, avec lequel je cheminerai désormais.

Si j'ai choisi de livrer ce questionnement, je me dois aussi de n'en rien attendre, ignorant tout des dispositions de Celui qui est le Maître du Temps.

Il y a quelques années de cela, des moines bénédictins participaient à une rencontre inter-religieuse près de la ville d'Aix-en-Provence. Etait convié à cette rencontre un groupe de jeunes musulmans qui étudiaient la théologie dans la nouvelle école coranique de Mantes-La-Jolie. Chacun des groupes de participants était invité à choisir un texte de sa tradition pour une méditation commune. Le choix des étudiants musulmans se porta sur la sourate 18 : « La Grotte ». Cette sourate assez mystérieuse reprend un peu le thème de la légende des « *Septs Dormants d'Ephèse* ». Elle évoque un long sommeil, une sorte de « mise à l'écart » qui envelopperait des croyants de bonne volonté dont Dieu ne se désintéresse pas et à qui il promet le réveil. Cette sourate rappelle la relativité du temps humain.

Ce choix des étudiants est-il un signe ?

Quand bien même les intuitions livrées dans ce livre seraient fondées, il faut reconnaître qu'il est des inhibitions dont le pourquoi dépasse infiniment notre entendement. Elles entrent mystérieusement dans le plan divin du Salut. Après tous, si notre propre mère – ou propre père – avait été totalement « éveillé » aux faiblesses de l'autre, serions-nous là aujourd'hui ?

Si le Seigneur doit éveiller les musulmans à la nature divine de Celui qu'ils considèrent comme prophète, Il le fera en son temps, et selon des modalités plus progressives que nous l'imaginons. Un père affectueux utilise-t-il un tambour pour réveiller son enfant ? Les vraies révolutions se passent dans le silence des cœurs.

Aussi, pour conclure, je laisse la place à trois paroles, un peu convergentes, qui me paraissent belles, dans leur simplicité.

La première nous vient de Paul Couturier, qui fut l'initiateur de la semaine de prière pour l'unité des chrétiens. Certes, ce qui sépare les chrétiens et les musulmans est d'une tout autre mesure que ce qui a pu séparer les chrétiens entre eux. Mais, en cette fin de siècle, le lent, difficile, mais merveilleux rapprochement des différentes confessions chrétiennes ne préfigure-t-il pas le rapprochement des enfants d'Abraham ? Voici ce que disait Paul Couturier en 1938 :

« Il est vain de vouloir songer à ce que se réalise l'unité des esprits dans la vérité et, ensuite, l'union des coeurs dans la charité. La vérité n'est appréhendée que par une âme préparée à la recevoir, qui déjà s'est livrée à elle par un début, si obscur soit-il, de désir et d'amour. La charité est le héraut de la vérité. Le Verbe a commencé par la charité et l'humilité de l'Incarnation, afin que dans la « forme de l'esclave », il gagnât les coeurs, seul moyen qu'Il jugeait capable d'obtenir, à travers leur liberté, l'audience de leur esprit ».

Est-ce bien la Vierge Marie qui apparaît à Medjugorge, dans l'ex-Yougoslavie depuis l'année 1981 ?

L'Eglise ne s'est pas prononcée. Les quelques pages qui précèdent nous font comprendre, s'il en était besoin, sa prudence en matière d'apparition. A titre personnel, j'incline à croire que c'est bien elle, Marie, qui délivre des messages aux voyants. La parole retenue pour cette conclusion est un message de 1984.

Voici ce que dit celle qui apparaît :

« Les chrétiens font une erreur en considérant l'avenir s'ils pensent aux guerres et au mal. Pour un chrétien, il n'y a qu'une attitude à avoir envers le futur. C'est l'espoir du salut.

Votre responsabilité est d'accepter la paix divine, de la vivre, de la répandre, pas par des mots mais par votre vie ».

Cette parole nous invite à la confiance et au partage. L'importante communauté musulmane présente aujourd'hui en France ne doit pas nous angoisser. Après tout, n'avons-nous pas été nous-mêmes au Maghreb pendant plus d'un siècle ? Soyons simplement fidèles au Christ et à son Eglise, autant que faire se peut, et, par le partage de vie, soyons ambassadeurs de la tendresse de Dieu. Lui, alors fera ce qu'Il a à faire dans le coeur des hommes.

Le premier effet de l'Esprit-Saint, qui agit hors des frontières de l'Eglise, est de transformer, chez les hommes de bonne volonté, les oppositions en différences, avant de faire en sorte que ces différences convergent, ô certes très lentement. C'est ce qui se passe aujourd'hui entre l'Islam et la chrétienté, entre le Maghreb et la France. L'Eglise porte dans son coeur le sens caché de ce lent rapprochement. Pour autant, elle ne peut faire partager la contemplation du Mystère Trinitaire qui est à la source de cette dialectique. N'est-elle pas elle-même faite d'hommes limités par leurs passions ? Armons-nous alors de foi, de patience et d'espérance. Dieu a déjà opéré des merveilles depuis un siècle entre chrétiens et musulmans, sachons les reconnaître.

La troisième parole est extraite du Coran. Elle traduit la fin du verset 48 de la sourate 5 : « Le plateau servi ». A-t-elle été dictée dans un but tactique d'apaisement momentané ? Peut-être. L'important n'est-il pas le sens de tolérance et de rappel de la transcendance divine que lui ont accordé des générations de croyants ?

Si Dieu avait voulu, certes Il aurait fait de vous une seule communauté. Mais non. Afin de vous éprouver en ce qu'Il vous donne. Concurrencez-vous donc dans les bonnes oeuvres : vers Dieu est votre retour à tous; puis Il vous informera de ce en quoi vous divergiez.

Cette parole nous interroge. Il n'est pas impossible qu'en son insondable Sagesse, le Seigneur ait permis, en la révélation coranique, un événement « indécidable » quant à son origine. Et cela pour nous rappeler nos limites et susciter chez les croyants une émulation dans le service désintéressé. Souvenons-nous que les paroles du Christ sur le Jugement Dernier mettent l'accent sur notre attitude envers nos frères plus que sur notre croyance.

En ce printemps de l'année 1998 où je termine cet essai, je vois, depuis la fenêtre de mon bureau, des enfants de toute race qui jouent ensemble dans l'herbe. Je prie le Maître de la Vie pour que la recherche de vérité historique et métaphysique entreprise dans ce livre ne soit pas mal interprétée et ne contrarie pas cette paix qui s'étale devant moi, en cette Maison de l'Enfance.

SOURCES BIBLIOGRAPHIQUES

Les trois principaux livres sur lesquels je me suis appuyé dans cet essai sont les suivants. C'est, en particulier, dans le premier que j'ai emprunté les références au Coran et c'est, en général, dans les deux suivants, que j'ai pris les citations de hadiths et l'orthographe des noms propres cités. Toutefois, il arrive, pour la simplicité de l'écriture, que certains noms proviennent d'autres sources.

* **LE SAINT CORAN**, de Muhammad HAMIDULLAH avec la collaboration de M. LETURMY, diffusé en France par le Club Français du livre, Paris, en 1985.

Cette édition a le mérite d'être bien présentée, d'être abondamment enrichie de notes historiques et explicatives et de présenter en parallèle le texte arabe et la traduction française.

* **INITIATION A L'ISLAM**, de Muhammad HAMIDULLAH, réédité par la Mosquée des étudiants de l'Université d'Alger, en juillet 1981.

* **INITIATION AU CORAN**, du Docteur Mohammed ABD-ALLAH-DRAZ, édité au P.U.F. en 1951, ré-imprimé par Séraoui, 42 rue Colonel Amirouche, Rouiba-Bou Merdes, Algérie, réédité par HS Editions BP 293, Alger gare, Algérie

Les citations bibliques sont extraites, pour la plupart, de :

* **LA T.O.B** (Traduction Oécuménique de la Bible), co-éditée par l'Alliance Biblique Universelle et le Cerf en 1988.

D'autres livres participent à cet essai, soit par les informations recueillies, soit par les citations effectuées. Ils sont classés selon l'importance estimée de l'usage qui en a été fait.

* **LA VIE DE MAHOMET**, de Virgil GHEORGHIU (auteur du livre « La 25e heure »), édité aux éditions du Rocher, en 1970.

Un autre livre m'est apparu ultérieurement comme réalisant une belle synthèse moderne sur la vie du prophète de l'Islam : « Mahomet » de Philippe Aziz aux éditions Ramsay.

* **MAHOMET ET LA TRADITION ISLAMIQUE**, d'Emile DERMENGHEM, édité au Seuil en 1955, dans la collection « Maîtres Spirituels ».
* **LE LIVRE DE L'ÉCHELLE DE MAHOMET**, traduit en français par Gisèle BESSON, édité en « livre de poche » dans la collection « Lettres Gothiques ».
* **LES SIGNES DE LA FIN DES TEMPS** dans la tradition islamique, traduit de l'arabe par Dominique PENOT, édité par « Alif Editions », 130 Avenue Maréchal de Saxe, 69003 Lyon.
* **DJINNS ET DÉMONS, selon le Coran et la Sunna**, de Mohamed BOUDJENOU, édité aux éditions Tawhid, 8 rue Notre-Dame, 69006 Lyon, en 1994.
* **L'ASTROLOGIE ET LA VOYANCE**, de Benoît DOMERGUE, édité aux éditions de l'Emmanuel, en 1991.
* **HOTE DE DIEU, SOIS LE BIENVENU**, d'Alex et Hélène BRICET, édité par l'Evêché de Versailles, 16 rue Monseigneur GIBIER – 75008 Versailles, en juin 1992.
* **POUR UN REGARD CHRÉTIEN SUR L'ISLAM**, de Robert CASPAR (père blanc), édité au Centurion en 1990, dans la collection « Religions en dialogues ».

* **CROIRE**, de Frédo KRUMNOV, édité aux éditions ouvrières en 1980.

C'est à l'avant-dernière page de ce livre que l'on peut trouver l'histoire racontée en page 54.

* **DIEU... J'AI OSÉ L'APPELER PÈRE**, de Bilquis SHEIKH, édité à L'Eau Vive, 10 rue de Fribourg, Genève, en 1981.

* **DIEU ÉTAIT SI LOINTAIN**, de Esther GULSHAN, édité à L'Eau Vive, 10 rue de Fribourg, Genève, en 1993.

* **LE DÉFI DE L'ISLAM**, de G. BERGMANN, traduit de l'allemand par Louis PICOT, édité par le Centre de Diffusion Evangelique, 50 rue Vauvenarques, 75018 Paris.

* **APPELÉS PAR LE CHRIST, ils viennent de l'Islam**, de Jean-Marie GAUDEUL (père blanc), édité par le Cerf en 1991, dans la collection « L'histoire à vif ». C'est à la page 36 de ce livre que l'on peut trouver l'histoire racontée en page 140 du présent livre.

* **LES RÉLIGIONS DE L'HUMANITÉ**, de Michel MALHERBE, édité au Critérion en 1992.

* **VIVRE AVEC L'ISLAM**, livre dirigé par Annie LAURENT, édité aux éditions Saint-Paul en 1996.

* **INITIATION THÉOLOGIQUE**, par un groupe de théologiens, édité par le Cerf en 1950.

ENQUÊTE SUR LES SIGNES PATHOLOGIQUES QUI ACCOMPAGNÈRENT CHEZ MUHAMMAD LA DESCENTE DU LIVRE

J'ai mené mon enquête à partir de deux sources d'informations. La première relève de l'écrit ou de ce que rapporte la tradition chrétienne sur ce qui a pu arriver à certains mystiques. La seconde relève de conversations directes que j'ai pu avoir avec des prêtres exorcistes, des médecins, des guérisseurs habitués aux phénomènes para-normaux. Dans ce dernier cas, j'ai pris soin de ne pas divulguer le sujet de ma recherche historique pour ne pas influencer mon interlocuteur, et je me suis restreint au seul signe de la pesanteur extrême, qui me paraissait le plus caractéristique. J'ai enfin ajouté un témoignage personnel.

RÉCITS RAPPORTÉS PAR LA TRADITION

Le premier me vient d'un moine cistercien. Cet homme me rapporta une anecdote qu'il avait lue dans les « *Dialogues de Saint-Grégoire-Le-Grand* » sur de la vie de Saint Benoît, le créateur de la règle des bénédictins. Vers l'an 780, celui-ci construisait alors, avec quelques compagnons, l'abbaye du Mont Cassin, en Italie. Ils furent arrêtés dans leurs travaux de bâtisseurs par une pierre qui, soudain, pesa si lourd qu'elle devint intransportable. Benoît préjugea qu'elle était rendue si pesante par le diable, fort mécontent de ce projet d'abbaye. Les moines se disposèrent alors autour de la pierre, se mirent à prier, et la pierre redevint normale.

Deux autres récits m'ont été fournis par le livre d'Hélène Renard : « *Des Prodiges et des Hommes* », publié aux éditions Philippe Lebeaud.

Dans le chapitre intitulé « *Le diable au corps* », l'auteur commence par faire une distinction judicieuse entre assauts et possessions diaboliques. Laissons-la s'exprimer.

Les « assauts diaboliques » sont les combats que les mystiques disent avoir livrés contre le diable qui les assaillait. Ces assauts, fort violents, ne durent pas dans le temps, et les mystiques conservent leur lucidité et un comportement normal. Au contraire, la « possession diabolique » entraîne un état continu, souvent de plusieurs années, de dépersonnalisation. On est d'abord « dépossédé » de soi avant d'être « possédé ».

Puis, sous le titre : « *Le poids du diable* », l'auteur rapporte, aux pages 128 et 129, deux histoires. Laissons-la s'exprimer en synthétisant des extraits du livre.

L'histoire des possédés d'Illfurt s'est passée entre 1864 et 1869. Le récit en a été publié d'abord en allemand puis en plus de vingt langues. Il fait autorité parmi les histoires de possessions grâce à la valeur des témoignages oculaires de personnes crédibles : médecins, député, supérieur du couvent, vicaire général…

Thibaut et son frère Joseph étaient des enfants comme tous les autres, fréquentant l'école communale de leur village, Illfurt, en Alsace, à quelques kilomètres de Mulhouse.

Alors qu'ils étaient âgés respectivement de neuf et sept ans, tous deux tombèrent malades, et les médecins appelés en consultation se déclarèrent incapables de diagnostiquer l'origine du mal. Les médications restèrent sans effets. À l'automne 1865, leur comportement devint franchement anormal : ils se mettaient à tournoyer sur leur dos à une vitesse inouïe, ils se battaient contre les meubles, ils étaient pris d'une fringale que rien n'apaisait, leur ventre se gonflait, leurs jambes se recourbaient; aux convulsions succédaient des heures de prostration. Étaient-ils assis sur une chaise, que celle-ci se soulevait et était envoyée violemment dans un coin tandis que les enfants se cognaient contre l'autre coin; terrorisés, ils s'enlaçaient tous deux et nul ne parvenait alors à les séparer.

On remarqua aussi que les enfants manifestaient une violente répulsion pour tout ce qui était religieux : une médaille bénite, un objet de culte, un chapelet les mettaient en fureur et ils déversaient alors des propos orduriers. Tant et tant d'événements semblables se produisirent que le curé du village pensa qu'il s'agissait d'un cas de possession.

Plusieurs années s'écoulèrent sans que les exorcismes aient délivré les enfants. Un jour, le jardinier municipal voulut conduire de force Thibaut à la chapelle en affirmant que cela serait facile : « Je me trompais, raconta-t-il dans son rapport. Je saisis vigoureusement cet adolescent de quatorze ans, mais nous n'avions pas fait deux pas qu'il entra en fureur et refusa d'avancer. Je le soulevai de terre pour le porter et le maîtriser : il était si lourd que je dus y mettre toutes mes forces. »

Le second récit concerne Marguerite Parigot, née à Beaune en 1619. *Celle-ci subit les assauts du diable dès l'enfance. Elle devint religieuse sous le nom de « Marguerite du Saint Sacrement ». A l'occasion d'un assoupissement qui dura dix jours, les médecins essayèrent tous leurs remèdes pour la réanimer. Dans cet état de léthargie, elle conserva un visage si doux et si agréable qu'il était clair que son intégrité était intacte et qu'ainsi son mal n'était pas naturel. Le diable ajouta à l'assoupissement une telle pesanteur dans tous ses membres que, lorsqu'elle était debout, elle ne pouvait se tenir sur ses pieds, et, étant couchée sur son lit, elle ne remuait ni bras ni jambes…*

Une fois encore, plusieurs soeurs voulurent la prendre dans leur bras pour la porter au choeur : Aucune ne put la soulever, tant elle était « accablée de pesanteur ».

On peut ajouter à ces récits ce qui advint à de multiples saints de la chrétienté. Dans ces récits, parfois purement légendaires comme celui de Saint-Christophe, ce n'est pas le Malin qui agit directement, mais le poids extrême vient d'un enfant, symbole ou réalité de Jésus qui porte sur lui tout le poids du péché du monde.

Ainsi, Saint Jean de Dieu, né à Grenade en 1495, proposa un jour ses sandales à un enfant nu-pieds. Celui-ci les lui rendit en disant qu'elles étaient trop grandes. L'homme prit alors l'enfant sur ses épaules et celui-ci devint très lourd. Jean s'en étonna, avant que ne lui revienne en mémoire, peut-être, la phrase du Maître : « **Ce que tu as fait au plus petit d'entre les miens, c'est à moi que tu l'as fait** ».

L'un de ces récits, cependant, laisse à penser que le phénomène du poids extrême peut avoir une origine divine. La « *Legenda Santae Clarae* » composée en 1256 sur l'ordre d'Alexandre IV, du nom de celle qui fonda l'ordre des Clarisses, relate l'épisode suivant. Lorsque Agnès, la jeune soeur de Claire, quitta clandestinement ses parents pour rejoindre l'Abbaye Saint-Ange, près de la ville italienne d'Assise, son oncle Ronaldo vint forcer les portes du monastère et tenta de la ramener chez elle « *manu militari* ». Claire se jeta à genoux suppliant Dieu de secourir lui-même celle qui voulait être à Lui. La « *Légende* » affirme alors que le corps de la fillette devint tout à coup si lourd qu'on l'eût cru clouée au sol. « *On dirait qu'elle a mangé du plomb toute la nuit* », s'exclama un des ravisseurs.

Le prêtre exorciste du diocèse de Lyon, ne se souvient pas d'avoir rencontré de cas de pesanteur extrême, sur les quelques 1700 personnes venues le consulter. Très peu s'exprimèrent par des crises violentes ou par des phénomènes para-normaux, mais ceux-ci étaient impressionnants. Cet homme de bon sens me rappela qu'il existait en la matière une extrême graduation – on distingue, par exemple, 400 sortes d'hallucinations – et que les cas de possessions vraiment diaboliques étaient très rares. Pour sa part, il préférait « délier les forces du mal » en les faisant remonter jusqu'à la parole, ce qui le classait parmi les « psychologisants ».

Les autres prêtres-exorcistes que j'ai pu consulter, soit par lettres, soit par une entrevue directe, n'ont pas souvenir d'avoir rencontré ce phénomène de « poids extrême ».

La première conclusion que l'on pourrait tirer de cette absence actuelle de cas semblables est que l'intuition qui a guidé cet ouvrage est fausse. Cela serait tant mieux.

Il faut toutefois nuancer cette conclusion.

On doit remarquer d'abord que tous les phénomènes paranormaux sont aujourd'hui souvent masqués par l'usage de la médication chimique.

Ensuite, un livre écrit par Monseigneur Christiani, intitulé « *Présence de Satan dans le monde moderne* » et édité chez France-Empire en 1985 fait ressortir les faits suivants :

La plupart des exorcismes pratiqués hier et encore aujourd'hui ont pour but de chasser les démons « naturels » dont la présence chez les humains se traduit par des cauchemars, des obsessions, des maladies, des stérilités, des névroses ou des psychoses. Ces démons sont un peu ceux que Carl Gustav Jung décrit comme les « ombres de la personnalité ».

C'est beaucoup plus rarement que les prêtres-exorcistes ont à pratiquer un grand exorcisme, pour des cas de possession diabolique.

Certains sont si extraordinaires qu'ils sont inscrits dans l'histoire religieuse de l'Europe. Outre les deux cas déjà cités en début de ce paragraphe, relevons trois autres exemples où les démons se nomment eux-mêmes.

Madeleine de la Palud, la possédée de Marseille, fut en partie délivrée par un exorcisme qui chassa le démon Asmodée et deux autres démons anonymes en 1611. Toutefois, un autre démon, Belzébuth, demeura en elle.

Le menuisier Antoine Gay, qui vécut de 1790 à 1871, souffrit atrocement d'un démon nommé Isacaron. Les circonstances voulurent que l'exorcisme fut toujours ajourné. Il sera dit que le démon obéissait à Dieu et que, pour cette raison même, Celui-ci ne permit pas qu'on le chassât.

L'ensorcelée de Plaisance confia les phénomènes extravagants dont elle était l'objet à l'aumônier de l'asile psychiatrique, Pier-Paolo Veronesi. Les exorcismes durèrent un mois, de mai à juin 1920. Le démon se nomma lui même : Isabô, la femme fut pacifiée et la cause initiale de la possession fut trouvée.

Dans ces cas, comme dans d'autres où le grand exorcisme s'impose et une énergie considérable est à déployer pour arriver à guérir la personne possédée, je remarquai une chose, et m'interrogeai.

Tout terribles qu'ils sont, les démons ne sont pas encore Satan lui-même. Belzébuth lui-même, le démon demeuré chez Madeleine de la Palud, est le nom d'un dieu primitif, comme Baal, Moloch, Astarté…

Dans le cas qui nous occupe dans ce livre, l'enjeu n'était pas l'emprise sur un individu mais sur un peuple. Cet enjeu n'était-il pas important au point que le chef des anges déchus intervint lui-même… ?

La lecture de ces récits m'a fait aussi apparaître une étrange coïncidence avec ce que le Coran dit de Marie. Les démons sont souvent très instruits des « choses du ciel », et ont une grande admiration pour Marie. Ainsi, il est une prière à Marie, dont il est dit qu'elle fut composée et dictée par Isacaron, le démon d'Antoine Gay. Cette prière est remarquable.

TÉMOIGNAGE PERSONNEL

Pour ce qui me concerne, j'ai été témoin directement de certains faits troublants que je ne tiens pas à divulguer car ils concernent des personnes devenues des amis. Ces phénomènes para-normaux avaient lieu quand la proximité religieuse devenait trop grande, non pas tant par le dialogue que par celui de la Présence, celle que l'on peut ressentir dans un lieu saint. Tout se passait comme si un « esprit » se sentait menacé par un autre, surtout chez les hommes. Ce sont aussi de telles manifestations para-normales qui m'ont interrogé et mis en route pour tenter la difficile enquête historique dont je livre ici le cheminement.

Je ne raconterai qu'un fait, arrivé à un ami. Cet ami et ce fait sont maintenant assez lointains pour que l'anonymat soit préservé.

Cet ami était un maghrébin qui avait grandi en France, bien que né en Algérie. Il épousa une française dont il eut quatre enfants. Sa femme présenta un jour des troubles psychologiques qui se traduisaient par un phénomène « d'écriture automatique ». Dans ce cas, la personne écrit sous la dictée d'un « esprit », mais l'incohérence de ce qu'elle écrit montre que cet « esprit » est destructurant. Le mari et la famille s'alarmèrent. Comme cette famille rurale avait de bonnes racines catholiques, elle envisagea un exorcisme. Par amour pour son épouse et lui-même portant déjà une grande confiance au Christ et à l'Eglise, le mari musulman accepta cet exorcisme. L'intéressée, toutefois, était déjà trop « sous influence » et l'entourage décida de ne pas la consulter.

A l'instant où l'exorcisme fut prononcé par un prêtre, à cent kilomètres de là, exorcisme accompagné des prières de l'entourage, la malade fut délivrée. Cette guérison incita son époux à demander alors librement le baptême, qu'il envisageait déjà.

Après que l'homme m'eut raconté cette histoire, je m'interrogeai. A travers l'immensité du temps, y aurait-il une relation entre « l'esprit » qui « dictait » à Muhammad et celui qui « dictait » à cette femme? Un « esprit » dont l'époux aurait été le transmetteur neutre par le biais du mystère conjugal. En un domaine si délicat et si dangereux, il faut se méfier de son imagination et rester prudent.

Un autre recoupement m'a interrogé. On sait ce qu'il advint au prophète quand il était enfant : son coeur fut lavé par des « hommes en blanc ». Cet événement participe de la « légende dorée » de l'Islam qui ne paraît s'affirmer que vers le IXe siècle et son historicité est discutable.

J'ai simplement remarqué, selon ce que m'en ont raconté des amis musulmans, que des êtres habillés de blanc intervenaient parfois dans leurs rêves ou visions nocturnes. Anges, hommes ou esprits, ils protègent, rassurent, mais aussi... surveillent. Il est des frontières qui semblent bien gardées. Gare à celui ou celle qui sort des rails!

La biographie de l'émir Abdelkader mentionne aussi abondamment ces « hommes en blanc ».

Deux livres décrivent bien la zone d'ombre et de peur que sont amenés à traverser certains musulmans pour rejoindre l'autre rive de leur foi monothéiste. Il s'agit du livre de Bilquis Sheikh : *« Dieu... J'ai osé l'appeler Père »* et du livre de Esther Gulshan : *« Dieu était si lointain »*. Le second montre comment Gulshan Fatima, descendante du prophète, a d'abord découvert le Christ par ce qu'en dit le Coran et comment son prodigieux itinéraire fut préparé par l'amour que lui portait son père. Ces livres sont aussi poèmes sur l'amour paternel. Si le Dieu que nous sommes appelés à adorer n'est pas celui du Coran, il n'en demeure pas moins que Celui qui nous dicte l'amour désintéressé est le même. En ce sens, nous pouvons dire que, musulmans et chrétiens, nous avons le même Dieu.

Dans le champ de cette enquête tournant autour de ce délicat problème de la « possession », il est une observation historique que je dois rajouter car elle réveilla mon esprit critique, bien avant que je n'écrive ces pages. On sait que certains Mekkois faisaient peser sur Muhammad le soupçon d'être « envoûté », de parler et d'agir sous l'influence des djinns. Tous ces soupçons, bien sûr, sont devenus tabous dès l'instauration de l'Islam.

Or, tout au long de l'histoire des cités et nations musulmanes, le possédé ou « *madjnoun* », a toujours tenu un rôle particulier, empreint de sacré. A des degrés divers, ce phénomène est universel, mais il semble plus accentué dans l'inconscient collectif des musulmans, surtout ceux d'hier.

Les observations qui précèdent ne sont que des « épi-phénomènes ». Je ne les cite que pour être cohérent avec les intuitions rassemblées dans ce livre, mais elles n'ont pas valeur de preuves. Dans un registre plus collectif, on pourrait évoquer les troubles psychosomatiques qui, aujourd'hui, affectent en nombre les populations immigrées, surtout les femmes, ou encore la violence dans les cités. Mais nous sortons là de l'objet de notre livre. Il n'est qu'un exorcisme collectif où les hommes se libèrent mutuellement et il s'appelle… l'Histoire. Et l'Histoire s'accomplit au travers de nos gestes de charité et de partage autant qu'au regard de vérités métaphysiques. Il importe de bien discerner les limites de cette enquête.

TABLE DES MATIÈRES

Cet ouvrage a été édité par
la Société des Écrivains
147-149, rue Saint-Honoré 75001 Paris
Tél. : 01 39 08 05 38 Fax. : 01 39 75 60 11

Imprimé en France

Dépôt légal 3e trimestre 2000.

ISBN 2-84434-618-9